世界をリードする日本へ

小林鷹之
Kobayashi Takayuki

PHP

まえがき

去る8月19日の月曜日。私は、9月に予定される自由民主党総裁選挙に出馬を表明した。当選4回、40代。サラリーマン家庭で育った私が、総裁選にいち早く名乗りを上げることを誰が予想しただろうか。従来の自民党であれば、およそ考えられない場面に私は立っている。出馬に至るまでの準備と、会見後のジェットコースターのような日々のなか、同僚議員から渾身のサポートを受けながら全力で走り続けている。最高のチームに、心の底から感謝している。

自民党に対する国民の厳しい目線。そして何よりもわが国は今、分岐点に立っている。内外の環境は厳しい。

アメリカ社会の分断、欧州の政治不安定化、中東をめぐる緊張の高まり、インドなどの新興国の台頭。そして中国、ロシア、北朝鮮の威圧的な行動。世界が混沌《こんとん》とする今こそ、わが国は毅然とした国家運営をしなければならない。

日本に目を移すと、経済力や科学技術力は国際的に低下している。名目賃金の伸びは明るい兆しだが、足元では物価が高騰し、実質賃金が上がらず、暮らしがよくなったという実感が得られない。人口減少で、とくに地方が疲弊《ひへい》している。

この停滞感を打破し、活力ある社会を取り戻さなければ、日本は世界の中で埋没してしまう。これから数年間の私たちの歩みが、数十年後の日本の未来を大きく左右する。もはや猶予はない。ビジョンを掲げ、進むしかない。

私は、世界をリードする日本をつくりたい。その思いは国政を志した時から1ミリたりとも変わらない。むしろその思いは強くなっている。その思いを共有し、共に立ち上がってくれた仲間がいる。この本が店頭に並ぶ頃には、総裁選の火ぶたは切られているだろう。9月27日には結果が出る予定だ。いかなる結果になろうとも、自分の掲げるビジョンの実現を目指し、政治家として活動を続けていく。

今回、『世界をリードする日本へ』を上梓するに至ったのは、総裁選への挑戦を決断する前だ。何年も前から、「経済安全保障」という政策分野を先頭に立って切り拓《ひら》いてきた。初代経済安全保障担当大臣として、世界初となる「経済安全保障推進法」も仲間と力を合わせ、ゼロから作り上げた。経済安全保障に限らず、幅広い分野について、初当選以来12年間、政策を自ら立案し、具現化してきた自負もある。その経緯を含め、一政治家の国づくりに懸ける思いを記したのがこの本だ。政策全般を網羅したものではないことを付記しておく。

途中、技術的かつ専門的な記述もある。少し話が難しいと感じられる箇所（とくに第2章）については、読み飛ばしていただいてもよいと思う。

正直に申し上げれば、総裁選への出馬を決断してからは、執筆時間を確保するのが大変だった。しかし、私の活動を全面的にバックアップしてくれた小林鷹之事務所の秘書の仲間と家族のお蔭で、何とか出版にたどり着くことができた。何よりも、私の無理難題に笑顔で対応してくださった、ＰＨＰ研究所の白地利成さんには心から感謝申し上げる。

世界をリードする日本へ。

２０２４年８月27日

小林鷹之

世界をリードする日本へ　目次

第2章 「経済安全保障」は「国家安全保障」――他国の動向に右往左往しない国へ

第3章 世界を主導するルールをつくる
――日本が他国を牽引する外交へ

第4章　真に「自律」する国へ
――自分の国は自分で守る

第5章　国家戦略を考えるにあたって

第1章

「経済安全保障推進法」秘話

——国益にかなうと信じることはやり抜く

米国の財務官僚に投げかけられた問いかけ

あのときの恥辱にまみれた感覚は忘れられない。

２００７年から２０１０年の約3年間、私は財務省から米国・ワシントンの日本大使館に書記官として出向していた。

ワシントンで私が日々交渉に当たるカウンターパートは米国の財務省の官僚たちだった。仕事を通じて気心の知れたある男性財務官僚との折衝に当たっていたときだ。彼にこう言い放たれた。

「ここであなたと約束しても、日本の首相は来年また変わっているかもしれないだろう。約束に意味はあるのか」

日本では、私がワシントンに出向中の3年間だけでも安倍晋三総理、福田康夫総理、麻生太郎総理、そして、２００９年の総選挙では民主党に政権交代し、鳩山由紀夫総理が就任し、ほぼ毎年、総理が入れ替わるという状況が続いていた。

この財務官僚と私は親しい関係を築いていただけに、本音を言ってくれたのだと思う。米国としても、総理が目まぐるしく入れ替わり、日本側の方針が覆されれば、官僚レベルで交わした約束などは反故《ほご》にされる可能性もある。その展開を避けたい心理が働くのはやむを得なかった。悔しかった。何も反論できない自分にも、情けなかった。

さらに、私の心をざわつかせる出来事が起こった。

民主党の鳩山由紀夫代表（当時）が２００９年７月、翌月に衆議院選挙を控えるタイミングで驚くべき発言をした。米海兵隊の普天間飛行場の移転先について「最低でも県外」と述べたのだ。２００５年に同県名護市辺野古の米軍基地キャンプ・シュワブへの移設が決定し、翌年には稲嶺惠一・沖縄県知事も日米両政府が合意した辺野古沖の埋め立て案の容認を表明するなど、膠着していた移転問題がようやく動き出していた矢先だった。移転先の目処もないままの無責任な鳩山代表の「白紙撤回」の発言に、アメリカは当然ながら強く反発した。

この鳩山氏の発言後、私は大使館内で安全保障を担当する外務省や、防衛省から来ている同僚たちの様子を見ていた。米国からの情報が入らなくなり、地道に積み重ねてきた日米の信頼関係がガタガタと崩れ、危機的な状況に陥っていくのを目の当たりにした。その後も、日本への不信感を募らせる当時のオバマ大統領に対し、鳩山総理が「トラスト・ミー」と発言したことも追い打ちとなり、日米関係はいっそう冷え込んだ。

「総理大臣になる」

「約束に意味があるのか」——。あのとき、米国の財務官僚から投げかけられた問いかけをその後、私は何度、心の中で反芻《はんすう》しただろう。日本の政治を根本から改革し、世界の大国とも真っ当に渡り合えるものに再生しなければならないと強く思った。2010年3月、私は11年間にわたって籍を置いた財務省に辞職願を提出し、政治の道に入った。

ワシントンでの経験が政治家への転身のきっかけになったのは間違いないが、小学6年生の時の文集に「将来は総理大臣になる」と書いていたのを覚えている。当時は、中曽根政権が誕生した頃であり、政治のことは皆目わからなかったが、蜜月と言われた中曽根康弘氏とロナルド・レーガン米大統領との「ロン・ヤス関係」の報道などを見て、国のリーダーに対する漠とした憧れを抱くようになった。

社会人となり、政治との接点が比較的多い財務省で勤務する中で、政治家になることへの思いも少しずつ膨らんでいたのも事実だ。財務省にいながらも国際会議に関わり、外交への関心を深めていた私は、２００６年に当時の麻生太郎外務大臣が提唱した「自由と繁栄の弧」構想の戦略性の高さに強い感銘を受けた。

かつて憧れた中曽根氏のように強い政治指導者となり、日本のプレゼンスを高めたい。まずは自民党を再生させ、政権を奪還する歯車の一つになる。そう決意を固めた。

財務官僚の職を辞した後、きたる衆議院議員選挙で当選するため、地道に支援者を増やす活動から始めた。２０１０年４月に自民党千葉第２選挙区支部長の公募に応募し、支部長に選ばれた。当時は民主党政権でもあり、自民党に対する世間の風当たりは厳しかった。地元で開催される会合に挨拶に行くと「帰れ！　帰れ！」コールを浴びた。まるで「招かれざる客」のようだ。朝の駅頭に立っていると、「死ね」とののしられた。

「いつかは国の舵取りをする立場になって、日本をよくしたい」。自分の子どもが生まれたこともあり、「子どもたちが『この国に生まれてよかった』と思える国にしたい」。そんな思いがあったから、どんなにひどいことを言われようとも、嫌な経験をしようとも耐えられた。強い意志があったからこそではあるが、この忍耐力は、大学のボート部時代に培《つちか》われたものかもしれない。埼玉県戸田市の合宿所で仲間と切磋琢磨しつつ、「克己《こっき》」、常に自分の限界に挑戦し続ける苦しみに耐え抜いたことは一つの自信になっている。

財務省を辞職してから2年後の2012年12月、私は初めての国政選挙となる第46回衆院議員総選挙に出馬した。自民党にとっては安倍晋三総裁で挑む政権奪還をかけた勝負の選挙だった。私は千葉第2選挙区で日本維新の会や民主党の候補らを破り、初当選を果たした。「衆議院議員 小林鷹之」の誕生だった。

技術流出を何とか止めたい

衆議院議員になった2012年、気がかりなニュースがあった。

一つは液晶や太陽電池のトップを走っていた大手家電メーカー、シャープの経営不振だ。技術立国・日本を代表する名門メーカーが破綻の瀬戸際に追い込まれ、焦点となっていたのが、シャープの救済を引き受けるのが日本政府なのか、それとも外資になるのかという問題だった。当時、すでに引き受け先の企業として、台湾の鴻海《ホンハイ》精密工業の名が上がり、２０１２年３月には買収を視野にまず両社が業務提携することが発表されていた。

もう一つは、新日本製鐵（新日鐵住金を経て現・日本製鉄）の元社員が韓国の鉄鋼大手のポスコに電磁鋼板の製造技術を不正に漏洩《ろうえい》したとされる事件だ。新日鉄側がポスコに対し、約１０００億円の賠償を求める裁判に発展した。

こうした企業の技術流出や買収の報道に対し、私は忸怩《じくじ》たる思いを抱いていた。

「海外への技術流出を何とかして止めなければならない」

「かつて言われた『ジャパン・アズ・ナンバーワン』を超えて、わが国を世界から信頼され、そして必要とされ、世界をリードする国にしたい」

そんな思いに駆られた。それを議員活動の目標に据えることで、私の政治家としての人生は始まったのだ。

その後も2014年には東芝の半導体に関する研究データの韓国の同業企業SKハイニックスへの漏洩事件の訴訟などもあり、日本企業、そして国民の財産ともいうべき、わが国の技術や知財が莫大な被害を被《こうむ》っていることへの懸念は日に日に膨らんでいった。おそらく、私が報道などで把握している以上に、日本企業の技術流出事件は起きていたと思う。

これらの事件を背景に、2016年には不正競争防止法が改正された。技術上の営業秘密侵害品の譲渡・輸出入等が不正競争の類型に追加され、2018年にはデータを不正取得する等の行為も不正競争行為として追加された。2017年には「外国為替及び外国貿易法の一部を改正する法律」が成立し、安全保障に関する技術や貨物（機微技術等）については規制強化がなされることになった。ただ、前述した鋼板製造技術などの技術等は安全保障の範疇にないとされ、規制対象外であった。

このような法律制定後も、技術流出といえる出来事は止まらなかった。前述したシャープは2016年に鴻海に正式に買収され、鴻海傘下に吸収された。東芝は米原発事業を巡り１兆円以上の損失が発生したことを受けて、稼ぎ頭だったメモリ事業を米ベインキャピタルが率いる日米韓企業連合に２兆円で売却した。エアバッグやシートベルト製造で知られる自動車部品メーカー・タカタは２０１７年、中国の新興自動車メーカー・寧波均勝電子に買収された。

「わが国の虎の子の技術流出を止めなければ、企業の収益が減るだけでなく、市場も取られてしまう」

そんな私の懸念は現実のものとなり、直ちには経済への影響が見えにくいものの、ボディブローのように徐々にわが国の経済力を低下させ、国力も落ちていった。

甘利代議士に突撃

技術流出問題に関して議論する場はないか。自民党内の会議体を探してみたが、見当たらない。私はまだ期数も若く、会議体を作る力が足りない。

それなら先輩議員に加わってもらうしかないと思い、当時自民党の知的財産戦略調査会の会長を務められていた甘利明代議士に相談することにした。私も同調査会の事務局次長であったこと、また、調査会で「イノベーションエコシステム」を推進し、わが国の科学技術力、イノベーション力の向上に尽力されており、私の問題意識を最もご理解いただける議員だと思ったからだ。

2018年の臨時国会の期間中だったと記憶している。私は思いを込めて作成した1枚の趣旨案を握りしめ、衆議院本会議場で甘利代議士の横の席が空いた瞬間に突撃した。技術流出は私がずっと問題視し、日本のために早急に対策を取るべき問題だと信じていたが、甘利代議士から何と言われるか、少し不安になりながら思い切って相談したことを覚えている。今でこそ、甘利代議士に相談があれば事務所を通してアポを入れているが、当時は「雲の上の存在」だったからだ。

ところが、私の提案に黙って耳を傾けてくださった後、こう力強くおっしゃっていただいた。

「やろう。自分も経済産業大臣の時に海外ファンドがJパワー（電源開発株式会社）を買収しようとした時に阻止したことがある。でも、その後はそうした事例がまったくない。技術流出防止は喫緊の課題だから、知的財産戦略調査会の下に小委員会をつくってやればいい」

11人のインナー会議から始まった

その後、準備期間を経て２０１９年３月、「わが国の技術優越の確保・維持に関する小委員会」を正式に立ち上げた。わずか11名の議員のみの自民党内のインナー会議体だった。私が作成した小委員会設立趣旨案には、技術流出に関する企業名等を詳細に記載したからなのか、役所が「こちらにしてほしい」と作ってきた趣旨案になった。

インナー会議では、最初に「技術流出」に関する現状と政府の対応を把握するために所管官庁や有識者からヒアリングを行った。大学・研究機関における機微技術の管理状況、わが国の企業と外国企業との連携の検討状況、サイバー・セキュリティの取り組みの現状や対内投資規制など、機微な内容が多く含まれるため、マスコミや部外者をシャットアウトした完全クローズドの会議であったことは言うまでもない。

約3カ月かけて11回にわたる会議を重ねて、今後、詳細に検討を進める課題を洗い出した。それが2019年6月末に作成した「わが国の技術優越の確保・維持に関する諸課題」と題されたレポートだ。次の7項目について①現状、②運用面の課題、③制度面の課題、④体制面の課題について、それぞれまとめた。

1、重要技術・企業の把握
2、セキュリティ・クリアランス
3、外国人の受入審査
4、エマージング技術の管理
5、機微な技術情報の非公開化
6、秘密の保全
7、外国による経営関与の管理（外国為替及び外国貿易法の改正）

この7項目の中の「7、外国による経営関与の管理」すなわち外国為替及び外国貿易法（外為法）では、外国から日本への対内直接投資が規制されている。その規制内容とは、外国投資家が一定の業種の上場会社の株式の10％以上の取得などを行う場合に、財務省や経済産業省といった所管官庁への事前報告を求め、政府が審査を行うというものだ。

その規制の見直しとして、まず2019年5月にはサイバー・セキュリティ確保の観点から、告示により届出・審査対象に情報関連業種が追加された。同9月には、外国投資家の経営への関与手法が多様化していることを踏まえ、少数株主が10％以上の議決権を行使するケースが投資規制対象に追加された。

このように規制対象は拡大されたが、課題はまだいくつも存在した。各省の審査体制が不十分であること、株式取得は規制されているものの機微な技術情報へのアクセスという観点からの規制になっていないこと、外国政府との情報交換ができないなどの問題だ。これらの課題を踏まえ、同11月には外為法を改正した。

とくに労力が必要だったのが、外国投資家による日本の上場会社の株式取得の閾値《いきち》（財務省や経産省所管事業所への事前報告の対象となる株の保有率）を従来の10％から1％

へ引き上げることだった。関係者のご理解をいただくために財務省にはかなりの調整やご苦労をかけた。

さらに、国の安全に関わる技術情報の流出や事業喪失に繋がる行為として「役員就任」「重要事業の譲渡・廃止」が追加され、また、国内外の行政機関との情報連携の強化を目的として、外国執行当局に対し、職務遂行に資する情報提供ができるようになるなど、小委員会での議論が反映されるものとなった。

情報は漏れなかった

２０１９年の夏、第４次安倍第２次改造内閣が発足した。その影響もあり、「わが国の技術優越の確保・維持に関する小委員会」の再開は11月となった。

残る課題の中で、①特許出願と公開制限、②政府資金による研究成果と公開制限、③外国政府からの研究資金の受け入れ、④民間資金による研究成果の公開制限、⑤出入国管理、ビザ発給など、前回までと同様に扱う内容が機微に触れることもあり、さらに委員を絞り込む必要が出てきた。この分野に関心の高い若干名の同僚議員でメンバーを固定し、議員のみの参加とし、省庁からの出席者も最小限に絞り、完全クローズドな形で約半年間にわたって議論を続けた。

2020年に入ると新型コロナ感染症の蔓延《まんえん》の影響で、党本部で会議を開くにも感染症対策が必要になるなど対応に追われたが、5月までに7回の会議を開いた。

すでに対策を打ち出した課題「7、外国による経営関与の管理（外為法の改正）」以外の課題については、これまで通り完全クローズドでの議論を死守し続けた。私が本会議体の設置を求めてから、2020年5月末に提言を公表するまでの約1年半、この間、議論の内容などの情報がマスコミなど外部に漏れたことは一度もなく、信頼関係が醸成された気がしている。

非常に熱量の高いメンバーと、かなり詰めた議論を続けた。議論している内容の重要性が高く、政府との調整も必要なため、半年に1回程度、官邸の関係者とも情報共有をしながら、7項目を具体的政策に落とし込む作業を進めていった。

5月になると、自民党では毎年6月に政権の重要課題や翌年度予算編成の方向性を示す正式名称は「経済財政運営と改革の基本方針」、いわゆる「骨太の方針」の公表に向けて、各部会や調査会、議連などの様々な会議体で提言をとりまとめるのが定例行事になっている。「わが国の技術優越の確保・維持に関する小委員会」の親会である知的財産戦略調査会もテーマごとに取りまとめの段階に入っていた。

この1年半、本小委員会は機微に触れる内容の議論を粛々と進めていたが、2020年5月21日付の知的財産戦略調査会の提言の一部として、内容の詳細は省いた形で「わが国の技術的優越の確保・維持について」という章立てで提言として公開することにした。自民党として本格的な議論を進めるためにも、提言として公開することが必要であるとの判断があった。

6項目から構成される提言の内容を簡単に紹介する。

①「研究開発成果の公開・非公開の在り方」については、政府資金が投入されている成果に関しては、政府機関（資金配分機関）がその公開の在り方について、事業の特性や技術的見地を含め実効性をもって政府横断的に判断できる枠組みを構築すべ

き。

②「特許出願等の在り方」については、イノベーションの促進と安全保障の観点との両立が図られるよう、特許出願の公開や特許公表に関して制度面も含めた検討を進めるべき。

③「外国政府等からの研究資金の受入れの在り方」については、外国資金の受入れを制限するのではなく、外国資金の受入れ状況等の情報開示を研究資金申請時の要件とし、政府資金が投入される研究を対象に、透明性と説明責任を求めるとともに、虚偽申告等が判明した際の資金配分決定を取り消す等の枠組みを構築すべき。

④「技術流出防止のための留学生・外国人研究者の受入れの在り方」については、出入国管理やビザ発給の在り方の検討を含め、留学生・研究者等の受入れの審査強化に取り組み、そのためのＩＴ環境の整備等を推進すべき。

⑤「重要な技術情報に係る資格付与の在り方」については、国際共同研究を円滑に推進し、わが国の技術優位性を確保・維持する観点も踏まえ、諸外国との連携が可能な形での重要な技術情報を取り扱う者への資格付与の在り方を検討すべき。

⑥「実効性の確保」については、上記①～⑤の実現のための予算・体制上の措置を取るべき。

人民元の国際化を加速する意図があるのではないか

先の提言を取りまとめた後の2020年5月28日、甘利代議士の議員会館の部屋に山《やま》際《ぎわ》大《だい》志《し》郎《ろう》代議士と私が呼ばれた。

甘利代議士の話は、次のような趣旨だった。

「岸田政調会長からポストコロナ社会についての会議体を立ち上げるよう依頼があったが、今やるべきことは他にあると思う。コロナを通じて露呈したサプライチェーンなど日本の脆弱性をすべて洗い出し、その処方箋を提示しないといけない」

甘利代議士は日本経済と安全保障の角度から党として新たな会議体を立ち上げるべきだとお考えになっていたのだと思う。これについて、実は私にも思うところがあった。

これに先立つ2月7日に、私はある提言を取りまとめていた。安全保障は伝統的な防衛政策だけでは足りないと私は考えており、とくに、通貨のあり方が安全保障に与える影響について高い関心を持っていた。

歴史を振り返れば、パクスブリタニカからパクスアメリカーナへと世界の覇権が移行した要因の一つは、１９４４年のブレトンウッズ体制のスタートによって世界の基軸通貨がスターリング・ポンドから米ドルへと移行したことにある。基軸通貨国となったことにより、米ドル紙幣の大量発行による通貨発行益（シニョレッジ）は、軍事費を含めた米国財政に寄与してきた。また、国際銀行間通信協会（ＳＷＩＦＴ）ネットワーク、コルレス、原油等のドル建て取引慣行等の既存の金融インフラは、米ドル建て取引の停止を含む、米国による強力な経済制裁を可能としてきた。

こうした中、中国は２００７年頃から、人民元建ての通貨スワップの拡大やシルクロード基金の設置、ＩＭＦの特別引出権（ＳＤＲ）のバスケット構成通貨への人民元の組み入れなど、国際化への布石を着実に打ってきた。さらに習近平国家主席が打ち出したシルクロード経済圏構想（一帯一路）の中で、アジア地域のインフラ開発を支援する目的で、設立された国際機関であるアジアインフラ投資銀行（ＡＩＩＢ）やシルクロード基金は、アジア地域における中国の存在感を高めるといった目的と合わせて、人民元の国際化を加速する意図があるのではないかと私は感じた。

仮に、既存の国際金融システムとは別に、米ドルを必要としない国際取引のシステムが構築されるとすれば、これまで米国が享受してきた様々なメリットが失われ、その結果として米国による他国への経済制裁の実行力が低下することは否めない。加えて、個人情報を含む膨大な金融関連ビッグデータを中国が把握することにもなりかねないことから、国際社会におけるパワーバランスに影響を与えるのは必至である。その影響がわが国の安全保障上、無視できないものとなることは言うまでもない。

このような危機感を議論する場を考えたとき、甘利代議士が会長を務める「ルール形成戦略議員連盟」が最も相応しいと思えた。この議連では経済安全保障室の設置を求める提言を出していた経緯もあったからだ。中山展宏事務局長にお願いして2019年12月から数度にわたり議連を開いていただき、翌2020年2月7日に提言「デジタル人民元への対応について〜通貨安全保障の視点から〜」にまとめた。

提言の主な内容は、

①デジタル人民元が今後広く普及するシナリオを想定し、経済安全保障上の観点からも対策を検討し、準備すること

②様々な角度からの検討を早急に進め、実用化を想定して、円のデジタル化（デジタル円）について準備すること

③日本銀行、財務省・金融庁のみならず関係省庁が一体となって取り組み、とりわけ新設される国家安全保障局（NSS）経済班が主体的役割を果たすこと

などを求めたもので、中央銀行デジタル通貨（CBDC）についての提言は自民党や政府に先駆けたものであった。

「新国際秩序創造戦略本部」の立ち上げ

甘利代議士から新たな会議体の立ち上げの話を聞いた際に、私はすぐに、その考え方

に賛同した。これまで焦点を当ててきた先端技術の保護・育成をさらに広げ、幅広い切り口から安全保障にアプローチする打ってつけのチャンスだと考えたからだ。

前述のデジタル人民元への対応の提言にも「経済安全保障については、エネルギー、食料、情報通信、先端技術等、その概念が多岐にわたるなか、通貨政策の分野においても、政府による経済安全保障上の視点に立った対応が必要だと考える」と記載しているように、経済安全保障は技術の確保・維持に留まらない、と私は考えていた。

そこで私から甘利・山際両代議士に、ＣＢＤＣやサイバー・セキュリティ、インフラ輸出、感染症対策、食料・エネルギー安全保障など、様々な切り口から安全保障にアプローチする会議体とすることを提案し、両代議士も賛同してくれた。会議体の名称の議論に際しても「国際秩序のあり方にも関わってくる話ですよね」と申し上げた。

すると山際代議士がすぐさま、こう提案してくれた。

「それなら新国際秩序創造戦略本部にしよう」

その場で名称は決まった。

6月に入ると、私は早速、有識者からのヒアリングを行いつつ、今後の進め方についてまとめる作業を進めた。「わが国が抱える脆弱性」として当初11項目を挙げ、それぞれについて「国際秩序に関連する事項」「既存秩序にとっての脅威」「国際秩序形成に向けて検討すべき事項」を記載した一覧表を作成した。この一覧表を関係役所に提示し、役所内でも検討をしていただき、最終的には14項目の脆弱性についての一覧表としてとまった。これが２０２０年６月末のことである。

大事なことは、本一覧表の最後に、14項目の検討をしたうえで「国家安全保障戦略の改定や所要の法整備」を目標として書き込んだことである。ルールづくりこそが日本の最優先課題であることを理解していたからだ。法整備については、例として①必要な法律に「経済安全保障」の観点を盛り込む法整備、②アカデミア（学術研究機関）、企業におけるセキュリティ・クリアランス制度、③サイバー空間でのアクティブディフェンスに関する法整備の３点を挙げている。これを基に議論を進めることを甘利・山際両代議士の了承を得て、会議の議論を精力的に進めた。

「戦略的自律性」と「戦略的不可欠性」

先の14項目には機微に触れる内容も多く含まれるため、詳細な議論は新国際秩序創造戦略本部の「幹部会」で進めることとし、自民党議員誰でも参加できる「平場」では有識者や経済団体等からのヒアリングを中心に開催した。

2020年6月から8月までに6回のヒアリングを行ったうえで、9月4日に「中間取りまとめ」を発表した。その中で、経済安全保障の基本概念としての「戦略的自律性」と「戦略的不可欠性」を掲げ、同年年末までに経済安全保障戦略策定の必要性、経済安全保障の基本理念、わが国が採るべき経済安全保障上の基本方針などを盛り込んだ提言を取りまとめること、そして、その中の項目の一つである「重点的に取り組むべき課題と対策」については、新国際秩序創造戦略本部と自民党政務調査会の各専門機関（各調査会など）と協働で検討することとした。

各調査会へは私自身が説明に回った。田村憲久・新型コロナウイルス関連肺炎対策本部長（当時）、山本幸三・金融調査会長（当時）、福井照・経協インフラ総合戦略調査特別委員会事務局長（当時）、小野寺五典・安全保障調査会長（当時）、山口俊一・情報戦略調査会長（当時）、新藤義孝・安全保障と土地法制に関する特命委員長（当時）、額賀福志郎・総合エネルギー戦略調査会長（当時）、河村建夫・宇宙・海洋開発特別委員長（当時）（以上、順不同）にそれぞれ新国際秩序創造戦略本部の方針説明と協力のお願いに伺い、ご承諾をいただいた。

「これは党が責任を持つ提言だ」

２０２０年12月に「『経済安全保障戦略』の策定に向けて」と題した提言をまとめるまでに、新国際秩序創造戦略本部では設立から半年間で平場12回、幹部会11回、それに向けて議員同士や役所との打ち合せは随時、行った。

ここで言う「役所」とは、中核になったのは２０２０年４月にＮＳＳ内に設置された経済班だが、ほぼ全ての省庁にカウンターパートとして協力していただいた。党の提言作成段階では、技術中心の安全保障と捉えているＮＳＳの考え方と技術だけではなく、幅広く経済安全保障を捉えるという視点や、経済安全保障戦略の策定が必要であるとする新国際秩序創造戦略本部としての考え方の乖離をなかなか埋めることができなかった。

毎年、自民党から様々な提言が出されているが、そのほとんどは役所の了解を得て、すなわち政府として提言を受けるからにはそれを実行できる範囲内でまとめているものが多い、と認識している。それだけ政府側としては責任を持って対応していただいているとの証左ではある。つまり、私が提示した提言案について、ＮＳＳを含めて役所としては、実行・実現が難しいとの判断があってかたくなに受け入れを拒否されたのだと思っている。

結果として、私から「これは党が責任を持つ提言だ」ということを政府に伝え、党の提言案で進めることになった。また、提言案を作成するにあたり、自民党の政務調査会の多くの部会や調査会に協力を得られたことで、オール自民党として、12月に同本部として最初の提言を取りまとめることができた。自民党の多くの同僚議員に感謝している。

提言「『経済安全保障戦略』の策定に向けて」

２０２０年12月16日、新国際秩序創造戦略本部の提言案「『経済安全保障戦略』の策定に向けて」が自民党政調審議会で了承され、党の提言として公表した。提言は、経済安全保障の基本的考え方（総論）と具体的なテーマ（各論）の２部構成にした。

その中身を紹介したい。

まず、総論について概略を述べたいと思う。

経済力は国力の根幹であり、国家間の対峙の最前線である。国際社会が大きく変動し、国際秩序が揺らぐ中で、世界各国においては、国家安全保障戦略の中に経済を位置づけている。一方で、わが国では国家の独立と生存及び繁栄を経済面から戦略的に確保するという問題意識が希薄であるとの認識の下で、経済安全保障戦略の必要性、経済安全保障の基本理念と定義、そしてわが国が採るべき経済安全保障上の基本方針についてまとめ、主として以下の３点を求める提言とした。

①経済安全保障戦略を早急に策定すること
②将来的には「国家安全保障戦略」に経済安全保障の観点を盛り込むことを検討すること
③２０２２年の通常国会で「経済安全保障一括推進法（仮称）」の制定を目指すこと

なぜ経済安全保障戦略が必要なのか。

各国間の経済的依存関係が複雑化する中で、これを政治的目的に利用するような動きもあり、国際社会が分断されかねない。経済安全保障は国家安全保障そのものである。しかしながら、２０１３年に初めて策定された「国家安全保障戦略」には国益を経済的な面からいかに確保するかといった視点が明確に盛り込まれていない。

したがって、わが国において他国の個別の動向に右往左往するのではなく、わが国の独立と生存及び繁栄をいかに確保していくかについて明確な戦略を打ち立て、その下で主導的に動いていく必要がある。そうした観点から、時間軸を定めて、わが国の独立と生存を確保し、経済的繁栄を実現するための戦略「経済安全保障戦略」の策定とその実施が必要なのだ。

経済安全保障の定義は、「わが国の独立と生存及び繁栄を経済面から確保すること」と決めた。短くもエッセンスを詰めた表現にしたつもりだ。

そして、この定義に沿って、具体的に進める上で重要で、基本的な考え方として提示したのが、「戦略的自律性」と「戦略的不可欠性」という2つの概念だ。

戦略的自律性とは何か。それはわが国の国民生活及び社会経済活動の維持に不可欠な基盤を強靭《きょうじん》化することにより、いかなる状況の下でも他国に過度に依存することなく、国民生活と正常な経済運営というわが国の安全保障の目的を実現することを意味している。つまり、海外との貿易・投資等に大きな困難が生ずる場合に国民生活と正常な経済運営の維持に支障が生ずるような産業は何かを特定し、そのうえでこれらの産業が抱える弱みを把握し、イノベーション等を通じて強靭性を高め、外部への依存を減らし、必要に応じて代替策を準備しなければならない。簡単に言うと、わが国の弱みや潜在的リスクの低減、克服ということである。

具体的な例を挙げると、まず新型コロナ感染症の蔓延以降、半導体不足により自動車や給湯器などあらゆる機器、機械等の製造が停滞したことが挙げられる。その後、ロシアによるウクライナ侵攻を発端とした天然ガス不足が発生し、エネルギー価格の高騰など国民の生活に多大な影響をもたらした。こうした事例から、重要物資のサプライチェーン（供給網）の強靭化が必要であるとの認識が再認識されている。

どのような事態が起きても国民の命と暮らしを守ること、ひいてはわが国自身の能力でわが国の政策を進めることができる国になることを目的として「戦略的自律性の確保」が重要なのだ。ここで強調したいのは、現実的なリスク・シナリオに基づき、各産業が抱える弱みや経済安全保障上の課題の把握、分析、そして、それらに対する戦略的自律性を確保するための具体的方策を検討していく必要があるとした点である。

もう一方で、戦略的不可欠性も経済安保戦略の上で大事な概念だ。それは、国際社会全体の中で、わが国の存在が不可欠であるような分野を戦略的に拡大していくことにより、わが国の長期的・持続的な繁栄と国家安全保障を確保することを意味している。

いかなる産業においてわが国が戦略的不可欠性を獲得するかについて、あらかじめ特定することは難しい面もある。しかし、現時点においてもわが国がグローバル・バリューチェーンの最上位に位置する産業は何か、また、素材や部品の分野で圧倒的な優位性を有する技術、製品、サービスを生み出す産業は何かを把握しておくことは有用だ。

また、DX（デジタル・トランスフォーメーション）の深化や各産業への浸透が進むにつれ、今後、新たな産業分野を創出する動きも活発化すると考えられ、この点も見極めていく必要がある。換言すれば、わが国の強みを維持、確保するということだ。たとえば現在、わが国が有する先端技術を維持し、さらに進化させていくこと、あるいは現時点では最先端でも数年後には陳腐化していることもあるため、新たな強みを発掘していくことを目的として提示したのが「戦略的不可欠性の強化・獲得」という概念だ。

経済安全保障の観点から言えば、こうした分野においては民間企業の活力と努力が主であり、政府の主たる役割は、わが国の長期的・持続的な繁栄の確保という観点から民間企業の努力を強力かつ効果的に後押しし、そのための環境を整えることだ。

これら2つの概念を具体化することから始め、国際社会の経済、産業、技術は刻一刻と変化するものであるから、随時検証・見直しをすることが必要である。また、国際秩序についても、予見できない事情で不連続的な形で、わが国にとって望ましくない方向に変化することが、十分起こりうる事態として想定しておかねばならない。

このような考え方にも基づき、先に記した3点、①経済安全保障戦略を早急に策定すること、②将来的には「国家安全保障戦略」に経済安全保障の観点を盛り込むことを検討すること、③2022年の通常国会で「経済安全保障一括推進法（仮称）」の制定を目指すことを求める提言とした。なお、この提言は英文としても発信し、欧州をはじめ多くの国から関心が示された。

省庁・部局間の意識のギャップ

提言「『経済安全保障戦略』の策定に向けて」が策定されたことで、次なるステップは提言に基づいた具体的な取り組みを進めることだった。

提言の中で、こう指摘している。

〈まずは「戦略基盤産業」として対処すべき産業をより明確に把握した上で、政府の主導の下、現実的なリスク・シナリオに基づき、各産業が抱える脆弱性及び経済安全保障上の課題の把握、分析、並びにそれらに対する戦略的自律性を確保するための具体的方策を検討していく必要がある〉

わが国の何が弱みで、何が強みなのか。それを理解せずして、正しい政策は作れない。しかし、当時、各省庁の各部局では所管事項についてはある程度、把握はできていたものの、政府全体として、体系立って把握はできていなかったと言っても過言ではない。そうした作業をしたことがなかったからだ。また、安全保障貿易管理を所管する経済産業省やサイバー攻撃等への意識が高い金融庁などと比べ、他の経済官庁には経済安全保障に関する意識レベルに大きな差があった。

大きな災害が生じた際、その対応が複数の省庁にまたがるように、自分の所掌分野のみ見ていても全体の対応はうまくいかない。意識を高く持ち、全体の中で自らが何をすべきか、他の部局との連携をどうするかを能動的に考えねばならない。

こうした意識の下、私は、様々な産業について考えうるだけのリスク・シナリオを想定し、弱みを把握する作業が必要だと考えた。また、その過程の中で、同時にわが国の強みについても把握していければよいとも考えた。

当初、私は各省庁に対して、自民党からの指示なので仕方なくやっているという印象を持った。リスクが現実になった時に、対応できないことがあるということを正面から認めたくなかったのかもしれない。また、脆弱性のありかは機微な情報でもあるため、守秘義務のかからない政治家に対する情報提供はできるだけ限定しようとしていたからかもしれない。

いずれにしても、官邸の政府高官たちと膝詰めで話し合い、作業の重要性を理解してもらった。あらゆる産業分野のリスクを洗い出すことは大変なので、まずは、戦略基盤産業として、エネルギー、情報通信、交通・海上物流、金融、医療の5産業に絞って幅広いリスク・シナリオを作成し、脆弱性の把握とその対策について検討した。内容は、機微な情報もありうるため、新国際秩序創造戦略本部の幹部と最小限の役所の担当者のみで実施し、資料もその都度回収し、保秘を徹底した。

「宇宙資源法」が成立

話題が逸《そ》れるが、新国際秩序創造戦略本部での多数の会議を進めつつ、提言づくりにもがいていた同じ時期（2020年秋～2021年春）に、私は大野敬太郎代議士と一緒に取り組んでいた議員立法、「宇宙資源法」（2021年6月15日に成立）を成立させるために2人で国会内を駆けずり回っていた。

宇宙資源法の要点は、「宇宙空間で取得した資源に所有権を認める」という点に尽きる。探査・開発活動に関する許可を行い、宇宙資源の獲得が「早い者勝ち」にならないよう所有権を法的に認めて予見可能性を高め、国内外の事業者の挑戦を促し、わが国の宇宙産業の振興を図るとともに、国際ルール形成を主導することである。

2020年の通常国会、臨時国会でも、自民党、公明党は当然のことながら野党議員にも丁寧に説明に回り、時には野党の重鎮議員を待ち伏せして声をかけるといった無謀なこともしつつ、法案への理解と協力を得るために必死で動いた。結局日程的に臨時国会は断念せざるを得ず、年明けの通常国会で審議してもらうために再び駆けずり回った。

これは、議員立法の法律の内容というより、日程上の問題だけであった。法案そのものは、超党派の議員で構成する「宇宙基本法フォローアップ協議会　実務担当打合会」で全てではないが、与党だけでなく野党にも大筋の理解はいただいていた。

国会で審議される法律は、基本的に内閣提出法案（閣法）が優先され、閣法の審議後に議員立法の順番が回ってくるということになっている。また、今回の「宇宙資源法案」の審議は内閣委員会の所管であり、そもそも内閣委員会が取り扱う法案がかなり多いため、会期末近くでセットしてもらえるか否かが勝負だった。

大野議員と2人で衆参両院の関係議員、国会対策委員会（国対）そして重鎮の議員にも直談判するなど、考えられる限りの行動を取って、多くの国会議員の理解と協力を得て、通常国会閉会日の前日の6月15日にようやく「宇宙資源法」が成立した。この法律の内容については後述するが、ほとんどの議員立法が国会の会期との関係で苦労する現状は改めていく必要性を感じる。

当時は、これまで述べてきた「新国際秩序創造戦略本部」の事務局長や「宇宙・海洋開発特別委員会 宇宙総合戦略小委員会 宇宙法制・条約に関するワーキングチーム（WT）」座長のほか、多数の事務局長を務めていたので、通常国会の後半は寝る時間もないほど忙しく、妻や子供と過ごす時間もほとんどなかった。

初代経済安全保障担当大臣に就任

青天《せいてん》の霹靂《へきれき》とはこのようなことを言うのではないか。思わずそう感じてしまうような出来事が私の身に起こった。

２０２１年９月、自民党総裁選挙を制したのは岸田文雄新総裁だった。２０２１年10月４日に岸田総裁が第１００代内閣総理大臣に任命され、第１次岸田内閣が発足した。組閣の前日、岸田総理の公約の中で「経済安全保障担当大臣を新設する」という方針が打ち出されていた。私が全力を注いできた分野に光が当たる。それまでの労苦が報われたような感覚を覚えたが、その時に考えたのは「経済安保大臣になる方は大変だ。私が指名されることはないから、とにかく提言を実現してもらえるようにサポートしなければ」ということだった。当時、私は衆議院議員として当選3回。永田町の通説に従えば、大臣就任に相応しいとされる当選回数には達していない。自分が指名される可能性などまず考えられなかった。

ところが、私の携帯電話が鳴った。

岸田総理ご本人だった。

「経済安全保障担当の閣僚ポストを新しく作る。科学技術と宇宙の担当と併せて小林さんにお願いしたい」

咄嗟《とっさ》に何か声を出そうとするが、出てこない。こう答えるのが、精いっぱいだった。

「職責を全うできるよう全力で頑張ります」

その後は、翌日の組閣の準備等であっという間に日曜の夜が過ぎたが、翌日の朝も八千代緑が丘駅でいつも通り、早朝活動を行い、そのまま電車に乗って国会に向かった。

私は経済安全保障、科学技術政策、宇宙政策を担当することになった。とくに経済安全保障については、これまで党の立場で政策づくりをし、提言してきたことを、今度は自分自身がトップとして実現する立場になった、そのことにそれまで感じたことがないほどのやり甲斐を感じたのは事実だ。組閣翌日の初めての就任記者会見。新設ポストであり、当然、「経済安全保障省」という組織もない。急遽、他省庁から配属になった秘書官たちもどのように準備すればよいか、戸惑ったと思う。

したがって、会見は、すべて自分の考え方を述べることとした。経済安全保障についでは、私自身が党で政策を進めてきた考え方はもとより、一政治家として日本を「世界をリードする国」にしたいという思いを話した。記者の方から手が挙がらなくなるまで、すべての質問に応えたため、1時間近くかかり、記者の方や職員の方々には迷惑をかけたと思っている。

経済安全保障推進法をつくる

初代担当大臣として、私に課せられた最大のミッションは、経済安全保障に関する法律の制定だった。

新設の大臣であるため、まずは体制づくりから始まった。２０２０年にＮＳＳに設置された「経済班」を中心に、各省から内閣府に約60人を招集し「経済安全保障法制準備室」を立ち上げた。大臣就任から１カ月半後のことだ。

相当の仕事になるとわかっていたので、すでにＮＳＳから元の省庁に戻っていた職員の中から、私が党で経済安全保障に取り組んでいた際に、信用していた方を官邸に無理を言って、戻してもらうこともした。

小事になるが、少し苦心したのが、その法制準備室に掲げる看板についてだ。職員が「機械的に印字しますか？　それとも大臣自ら書きますか？」と問われ、特段字に自信があるわけではないが、担当大臣としての思いを筆に込めることで、様々な省庁から出向する職員に対して自分の熱量を少しでも伝えたいと思った。

議員事務室で毛筆を使い、「経済安全保障法制準備室」と用紙に書いた。納得できず、何枚も書き直し、隣で見ていた地元の秘書たちの「いつになったら終わるんだろう。もうそろそろ諦めれば？」との心の声も聞こえてくるほどだった。

完成した木製の看板は愛着のあるものになり、その後、経済安全保障推進法が無事に制定され、私が大臣を退任する際に、実はその看板を記念にもらえないか事務方に相談したほどだ。しかし結局、希望は叶わず、今も内閣府のどこかで眠っているだろう。大野敬太郎副大臣（当時）に「結構上手ですね」と言われて、お世辞だと思いつつも、まんざらでもない気持ちになったのをよく覚えている。

約100条の法案を短期間で作成

「経済安全保障推進法」の策定を急ぐことになった。通常は一つひとつ個別の法律にしても良いぐらいの論点を含んでいる複数の重要項目をまとめて法制化する特殊な法案になった。

①重要物資の安定的な供給の確保に関する制度
②基幹インフラ役務の安定的な提供の確保に関する制度
③先端的な重要技術の開発支援に関する制度

④特許出願の非公開に関する制度

の4本の柱から構成される。こうして「経済安全保障」という名の下に複数の内容を一つにまとめて立法するのは世界で日本が初めてだと聞き、改めて気持ちが鼓舞された。

多岐にわたる法案の厚みから、60人の体制ができたとはいえ、かなり労力が必要な作業になることは容易に推測された。そのため、私は職員との信頼関係を構築することが最優先と考え、全員と直接話すことから始めた。

大きな目標に向かって共に仕事をする中で、職員との一体感が徐々に強まっていくことを感じ、働き方改革をふまえたルールは順守しつつ、職員には昼夜を問わず、全力で働いてもらった。とくに法案作成の終盤は休日返上で取り組んでくれ、私にも声がかかった。

「大臣、条文すべてを通しで議論したいので、週末ですが出勤お願いします」

率直に依頼されたことをとても嬉しく感じた。若手職員にも積極的に意見を言ってもらいつつ、私も一緒になって何度も議論と修正を重ねた。逐条というよりも、逐語で一つひとつ丁寧に詰めていった。約１００条もの法案を短期間で作ってくれた職員には心から感謝している。

法案審議の際に、野党議員から「法案は特定の企業と癒着して歪められたのではないか？」と何度か問われたのだが、法案作成に私自身が全て関与し、最終責任者として、この条文で行くと決断したものであったので、こうした質問にも毅然と対応することができた。

ここで法律の内容を簡単に紹介する。なお、法律そのものの詳細は他の著書等に委ねることとし、ここでは立法の過程や背景事情についても記しておきたい。

①重要物資の安定的な供給の確保に関する制度

わが国の経済活動・社会活動が大きく依存する物資、あるいは依存するおそれがある物資について、供給が途絶することにより国家および国民の安全を損なう事態を未然に防止するための、サプライチェーンを強靭化し、それらの物資の供給安確保を図る制度である。

たとえば、ハイブリッド車あるいは電気自動車（ＥＶ）用のモーターや光ファイバーなどに必要なレアアース。２０１０年の尖閣諸島沖の中国漁船衝突事件に端を発する日中関係の悪化により、中国が一方的に輸出規制を実施し、わが国の経済活動に相応の影響があった。

２０１９年には、手術に必要な抗菌薬であるセファゾリンがイタリアの事情により供給不足に陥り、わが国の医療現場に緊張が走った。また、２０２０年以降の新型コロナウイルス感染症蔓延の際には、半導体不足が深刻化し、車の納期の遅れをはじめ、わが国の経済に大きな影響を及ぼした。

医薬品を含む化学品の原材料、半導体、重要鉱物などの供給が途絶すると、わが国の経済活動や社会活動の停滞を招き、ひいては国民の命にも関わる可能性がある。一定の国や地域への過度な依存構造を変えていかなければならない。

こうした観点から、特定重要物資として指定された物資について、国内の生産基盤の強化、供給元の多様化、備蓄や代替物質の開発などを行う民間事業者を支援し、サプライチェーンを強靭化するための制度とした。

「プログラム」も重要物資に指定

支援を行う重要物資は、政令で定めることになるが、その要件としては、①国民の生存に不可欠であること、②外部に過度に依存していること、③外部から行われる行為による損失の防止、④安定供給確保が特に必要であること、の4項目とした。

特定重要物資は具体的には以下のようなものだ。抗菌性物質製剤（抗菌薬）、肥料、永久磁石、工作機械・産業用ロボット、航空機の部品、半導体、蓄電池、クラウドプログラム、天然ガス、重要鉱物、船舶の部品、先端電子部品の12品目（2024年6月時点）。

この中でクラウドプログラムが入っていることに注目してほしい。「重要物資」というのは、通常は有体物と考えられるのだが、法案作成時に私が「プログラム」を入れるべきであると強く主張した。これは、私が5年前頃からデータの保護の在り方について問題意識を持っており、党の会議においても重要なデータについては国産のクラウドで管理すべきであるとの持論を訴えていた経緯があったからだ。

当時は「国内企業では無理だ」「データのローカライゼーション（局在化）をするのか」といった反対の意見が多かったが、その後にDXが進む中でデータの重要性とその管理を他国のクラウドサービス事業者に依存することに課題があることの共通認識が広がっていったと思う。そうした経緯もあって、情報インフラの基盤の一つであるクラウドサービスをわが国の事業者に担ってもらうべく、無体物ではあるが、特定重要物資の一つとしてクラウドプログラムも入れることにした。

②基幹インフラ役務の安定的な提供の確保に関する制度

これは、国民の生活と経済活動の基盤となるインフラのセキュリティ強化のための制度である。とりわけサイバー・セキュリティの強化を企図した。電気や水道などインフラサービスを提供する事業者が有する設備に、サイバー攻撃等により安定的な提供に支障が生じてしまうと、国民の暮らし、場合によっては命に甚大な影響を及ぼしうる。こうした事態を未然に防止するために、その重要な設備の部品である機器、装置、プログラムを事前に審査し、安全性を担保するための制度だ。

基盤となるインフラは、電気、水道、ガス、運輸、金融、情報通信など14分野を設定した。さらに、2023年7月に発生した名古屋港でのサイバーインシデント（注：サイバー攻撃で同港のコンテナターミナルでシステム障害が起き、物流に支障が生じた事件）を踏まえ、2024年5月に「港湾」を追加し、15分野となった。

プラットフォーマーを「抜け穴」にさせない

重要基盤インフラにサイバー攻撃が発生した場合、国民の経済活動、社会活動に多大なる影響が出てしまう。それは国民の命にも関わるものであり、事業分野の決定にあたってはインフラを「基幹インフラ」として設定した。

先ほどの「プログラム」と同様にここで、私がこだわった点がある。近年、わが国の国民の経済活動や社会がGAFAM（Google, Amazon, Facebook, Apple, Microsoft）等の他国に本社を置くプラットフォーマーによるサービスに大きく依存している実態があることも踏まえ、私はプラットフォーマーも基幹インフラの対象に入れるべきだと考えた。

しかしながら「基幹インフラ役務の安定的な提供の確保に関する制度」は、各サービスを提供する事業者が有する重要設備の導入に関する規制であり、法制上、「業法」（電気事業法や電気通信事業法など）が存在する「業」でないと対象にすることが難しいのではないか、という指摘があった。

現在も、「プラットフォーム業法」という法律は存在しない。私は、その理屈に一定の理解を示しつつも、そこを「抜け穴」にするわけにはいかないと考えた。最終的には、いわゆるプラットフォーマーと呼ばれる事業者も、たとえば電気通信事業法などで実質的にはカバーすることができる、と整理した。

また当初、医療と港湾も対象にする方向で検討した。医療については、電子カルテの普及や、ＤＸに伴う電子処方箋、オンライン診療、さらには健康保険証とマイナンバーカードとの一体化といった政策を進める中で、当然基幹インフラの一つとして入れるべきと考えた。

しかし医療については、厚生労働省がサイバー攻撃を受けても、紙のカルテを含めたバックアップがある、近隣の病院で診療なども代替可能である、重要設備を特定することが難しいといった理由を挙げ、最終的には断念した。しかし、政府は将来的には病院間のデータ連携システムを構築することを目指しているため、こうした重要システムの安全性を確保することは必須であることから、その後も検討を続けるよう要請した。

内閣法制局による「立法事実」の壁

もう一つの港湾については、システムというより、いわゆるＦＡＸなどによるアナログ的な手続きが多いので、本制度の対象事業として入れる必要はないとの国土交通省の強い意見があった。かなり議論したが、医療と同様、なかなか決着がつかず、その後の課題とした。

しかし、前述したように２０２３年7月に名古屋港で大規模なサイバー攻撃により、ほぼ3日間物流が停止し、経済活動に多大な影響を及ぼしたことを受けて、２０２４年5月に港湾も基盤インフラに追加で指定された。いま振り返れば、「港湾」も当初から強引に対象にしておけばよかったとも思うが、規制を受ける事業者の理解を得る時間が足りなかったことも事実だ。

２０２０年12月に、自民党の新国際秩序創造戦略本部で提言を策定した後、２０２１年年明けから約半年間、同本部の幹部会で戦略基盤産業として、エネルギー、情報通信、交通・海上物流、金融、医療の5産業を「戦略基盤産業」として設定してリスク点検を進め、それが今回の法整備の基礎となったことは先に述べた。その際、想定した「交通・海上物流」のリスク・シナリオの一つとして、名古屋港を含む三大湾（東京湾、伊勢湾、大阪湾）がサイバー攻撃を受ける蓋然性、影響度、脆弱性対策についても検討していた。法案作成時に「港湾」を入れることができなかったのは、私にも責任の一端がある。

同時に、痛感したことが2つある。一つは、こうしたリスクへの捉え方や感応度が省庁によって差があること。もう一つは、いわゆる「立法事実」の壁だ。

何らかの事態が発生してからでないと法整備に積極的理由を見出さない、という内閣法制局を中心とした考え方である。こうした考え方が今日、もはや意味をなさないことは「宇宙資源法」のところで詳しく後述したいと思う。

こうしたリスク点検の作業は自民党主導で行っていたが、仮に政権交代が生じても政府として実施し続ける必要がある。また、政治家には法的な守秘義務が課されないので、政府との情報共有には自ずと限界がある。そして、自民党主導のリスク点検は試行的に始めたばかりなので、対象は５産業のみであり、その範囲や深さもまだまだ不十分であった。

したがって、こうした作業を政府全体として実施する仕組みを構築すべきと考え、経済安全保障推進法案の審議が始まる前の２０２２年3月11日に「経済安全保障重点課題検討会議」を政府内に立ち上げ、幅広い関係省庁が参加してリスク点検を始めることにした。この時点でも、各省庁間で経済安全保障、あるいはリスク点検、ということに対する意識の違いが大きいと感じていた。しかし、こういう作業こそがわが国の戦略的自律性の確保や戦略的不可欠性の獲得などに繋がるとの確信があったので、大臣退任後も折を見ては役所の皆さんに、リスク点検を続けるよう要請し続けた。

現時点では、世界的に「経済安全保障」の重要性が認識される中で、他国の政治的要因や国際情勢などの変化でサプライチェーン上の脆弱性が突きつけられ、サイバー攻撃による甚大な被害が顕在化していることもあり、こうしたリスク点検の重要性が政府内で徐々に認識されてきていると信じている。

③先端的な重要技術の開発支援に関する制度

この制度は、経済安全保障政策の中で「戦略的不可欠性の獲得」すなわち「強みの獲得」に位置づけられるものだ。将来的に国民生活や経済活動にとって重要なものとなり得る先端技術であって、その技術が外部に不当に利用された場合に、国家国民の安全を損なう重要技術を「特定重要技術」と位置づけ、官民連携の下で研究開発を促進し、その成果の適切な活用を図る制度である。

支援対象としては、海洋領域、宇宙・航空領域、そして、サイバー空間やバイオなどの横断領域の3領域を対象とした。

①海洋領域としては、資源利用等の海洋権益の確保や海洋国家日本の平和と安定の維持など総合的な海洋安全保障の確保に関わる技術、②宇宙・航空領域としては、自立した宇宙利用大国の実現や安全で利便性の高い航空輸送・航空機利用の発展に寄与する技術、③横断領域としては、領域をまたがるサイバー空間と現実空間の融合システムによる安全・安心を確保する基盤や有事の際の危機管理基盤の構築などに寄与する技術が挙げられ、具体的にはＡＩ技術、量子技術、ロボット工学、先端センサー技術、先端エネルギー技術などの最先端技術についての調査及び研究開発について、官民連携で行うものである。

また、本制度に基づく指定基金により運営される「経済安全保障重要技術育成プログラム」は、経済安全保障上のわが国のニーズを踏まえた研究開発から技術実証までを行うプログラムである。当然のことながら、本制度がこれまでの官民連携、あるいは産官学連携での研究開発と異なるのは、国の資金及び国が保有する情報を提供するため、技術流出対策として守秘義務を課すことになる。

なお、「経済安全保障重要技術育成プログラム」という名称については、担当する職員や大臣室で略称を考え、いくつかあった候補の中から、「経済安全保障のK」を頭文字として「Kプログラム」とした。ひそかに小林の「K」でもあると、個人的には思っている。おそらく副大臣を務めた大野敬太郎議員は、敬太郎の「K」と思っているに違いない。

調査研究については、第6期科学技術・イノベーション基本計画等に基づいて、内閣府科学技術・イノベーション推進事務局（CSTI）が「安心・安全シンクタンク」という名の政府シンクタンクを設立すべく準備を進めている。

調査研究の内容としては、国民生活、社会経済に対する脅威の動向の監視・観測・予測・分析、国内外の研究開発動向把握や人文・社会科学の知見も踏まえた課題分析を行うことである。これにより、今後の安全・安心に係る科学技術戦略や重点的に開発すべき重要技術等の政策提言を行うことを目的としている。シンクタンクについては、現時点では、わが国に、米国のような人材の厚さはなく、他の政府系シンクタンクとも連携し、また民間のシンクタンクや有識者の協力も得ながらできるだけ早急に設立されることを期待している。

世界的に大きな影響力がある米国のランド研究所も、最初は５名程度からスタートし、いまや２０００名近いスタッフで運営される巨大シンクタンクに拡大した。小さく生んで大きく育てる方針で、早くスタートを切れるよう引き続き政府を後押ししたい。

日本学術会議と半年間の膝詰め交渉

ここで、余談になるが重要技術の開発に関連することを紹介しておきたい。

私は、経済安全保障担当大臣を務める一方で、科学技術担当大臣も務めていた。私は常々「日本の国力の源泉は科学技術力だ」と言っている。繰り返しになるが、私が考える国力のマトリクスは、国民の生活を豊かにする経済と国家国民を守る安全保障があって、それを支えるのがイノベーションである。このイノベーションは単なる技術革新ではなく、世の中に新しい価値を生み出す力である。このイノベーションを生み出すのが科学技術力であるとの認識があるため、私は「国力の源泉は科学技術力」であると言ってきた。

しかし近年、技術立国と言われたかつての日本とは異なり、わが国の研究力、科学技術力、イノベーション力などの国際競争力が相対的に低下し、わが国の大学の国際的な地位も低下しており、私自身、非常に強い危機感を抱いている。何とかしてわが国の国際競争力、そして、国際的なプレゼンスを向上させたい。

その中で、量子、人工知能、バイオ、半導体など、将来の社会を大きく変えていく先端技術は、その研究開発の成果が将来、民生に使われるのか、安全保障に使われるのか、もはや事前に判別することは困難である。

世界各国はこうした先端技術の獲得に向け、産官学連携の下、国家戦略を掲げて必死に取り組んでいる一方で、わが国では2017年に日本学術会議が「研究成果は、時に科学者の意図を離れて軍事目的に転用され、攻撃的な目的のためにも使用されうるため、まずは研究の入り口で研究資金の出所等に関する慎重な判断が求められる」との声明を発出したことから、研究成果が防衛装備品に応用される可能性がある研究について、東大含め、多くの大学でいわゆるデュアルユース（軍民両用）の研究が滞ったという事実がある。

私は、技術革新が急速に進む中で、日本の科学技術力ひいては国力を高めるという国益の観点から、デュアルユース・マルチユース（多用途）の研究をしないという選択肢はないと考えた。日本学術会議の梶田隆章会長（当時）や役員の皆様と膝詰めで時間をかけて意見交換を続けた。私が常々言っている「科学技術力は国力の源泉である。国際的には日本の研究力・技術力は低下の一途を辿っている。このままだと日本は二流国、三流国になってしまう」といった危機感を日本学術会議の役員の皆様と共有したつもりだ。

国民に幸福をもたらし、わが国の研究力や存在感を国際社会の中で高めるためにも、政府とアカデミアが信頼関係を構築し、「政策のための科学」という視点を共有することが大切だとの一心で半年間、意見交換した。

結果的に、日本学術会議が公表した「研究インテグリティに関する論点整理」について、私から「国民に対してわかりやすいメッセージを発出していただけないか」と依頼し、２０２２年７月25日に下記内容の回答をいただいた。

「先端科学技術、新興科学技術には、用途の多様性ないし両義性の問題が常に内在しており、従来のようにデュアルユースとそうでないものとに単純に二分することはもはや困難で、研究対象となる科学技術をその潜在的な転用可能性をもって峻別し、その扱いを一律に判断することは現実的ではない」とした上で、「より広範な観点から、研究者及び大学等研究機関が、研究の進展に応じて、適切に管理することが重要」という内容だった。

日本学術会議としてこうしたデュアルユース・マルチユースの研究について前向きなメッセージを発していただけたことは大きな前進だった。その後、各大学にも方針が伝わり、徐々にこうした両義性を持つ先端技術の研究開発が進められつつあると聞いている。

わが国の不可欠性を獲得するためにも、こうした両義性の研究は必須であったので、今後、わが国の科学技術が飛躍的に進むことを期待している。

④特許出願の非公開に関する制度

これは特許出願の明細書などに、公にすることで国家および国民の安全を損なう事態を生ずる恐れが大きい発明が記載されていた場合には「保全指定」をし、出願公開、特許査定及び拒絶査定といった特許手続を留保する制度だ。また、その間、公開を含む発明の内容の開示全般や発明の実施を原則として禁止し、かつ、特許出願の取り下げによる離脱も禁止すると規定した。保全対象の発明については、実施の制限、その発明を適正に管理することや外国出願の禁止などの制限もかかることから、保全指定に伴う損失補償も図る。

本来、出願特許の内容を公開としてきた目的には、重複する発明を防ぐことと、最終的に特許に至らなかったとしても他者がその発明をさらに発展して新たな技術が発明されるといったイノベーションを促進する狙いがあった。通常は出願後、1年6カ月経過した出願特許がすべて公開される仕組みとなっている。

しかしながら、全てを公開しているため、発明者の意図とは異なる目的で他者が利用することで、その発明が軍事技術にもなりうる。先ほど日本学術会議の文脈でも触れたように技術というのは、時代の進展や科学技術そのものの発展により民生用の機器やテクノロジーに利用されることもあれば、軍事技術に発展し利用される可能性もある。

本制度成立までは、無条件で出願特許を公開しているのはG20の中で日本、アルゼンチン、メキシコの3カ国のみで、他国は安全保障上の理由があれば非公開とする制度にしており、その中でもアメリカ、イギリス、フランス、イタリア、ロシア、中国、インド、トルコの8カ国は、第一国出願主義、いわゆる発明した国において出願しなければならないという義務を課している、という状況であった。

本制度の成立により、機微な技術の公開や手続き留保中の情報流出を防ぐことが可能になるとともに、これまで安全保障上の理由で特許出願を諦めざるを得なかった発明者に特許法上の権利を受ける途《みち》を開くものとなった。

2019年に本制度について検討していた際には、「秘密特許」という言葉が国民の知る権利に反するようなイメージもあって、政治的にハードルが高いのではないかとの懸念もあった。しかし、法案を作成してくれている法制準備室の仲間が「特許出願非公開」という名称にしてくれたお陰で、印象が随分変わったと思う。

法案審議――私の責任である

2022年2月25日に法案が国会に提出され、3月18日に衆議院内閣委員会での審議が始まった。これからの審議は、これまで頑張って法案を作成してくれた職員に感謝しつつ、審議をスムーズに進め、成立させるのは私の責任であることを自身に言い聞かせて審議に臨んだ。

法律案の作成段階から、私自身も一条一条、法制準備室の職員と共に確認しながら進めたことは先に述べたが、法案審議に入ってから採決まで、審議の前日に役所に作っていただいた答弁書、それも途中までのものも含めて自宅に持ち帰って読み込み、翌朝には8時からの閣議や9時からの委員会までに答弁の最終調整をするために、朝5時から私と秘書官全員が法制準備室の部屋に出向いて打ち合せをする、ということを続けた。

法制準備室はスペースの関係上、既存の庁舎に入れてもらうことができず、虎の門交差点近くの民間ビルのワンフロアを借りる形で存在していた。法制準備室の職員からは、「私たちが大臣室に行きます」と言ってもらったが、職員が夜を徹して答弁書の準備をしていることが容易に推察できたので、職員の負担軽減の観点から、大臣室ではなく、法制準備室で打ち合わせをすることにした。

審議初日、朝5時に法制準備室に到着すると、職員らは寝ていないはずなのに部屋全体が活気づいていた。驚いたのが、当時外務省から法制準備室に来てくれていたY参事官が自ら、大量の資料のホチキス止めをしながら打ち合せの準備をしていた。一人分で20㎝くらいの高さになる資料だったので、他の職員はコピーや仕分けで人手がなかったから参事官という立場でありながら「まだ資料が揃っていなくてすみません」と笑いながら資料を重ねていた。その光景は今でも忘れられない。

Y参事官は法案審議中も、法律の成立後は施行の準備も、さらにはセキュリティ・クリアランス制度の準備も中心となって進めてくれた。私が大臣退任後もいろいろと助けてもらっていた。そのYさんが、昨年6月21日に急逝された。今でもYさんの表情を思い出すことがある。本当に日本の未来のために労苦を厭わずに取り組んでくれる大切な仲間だっただけに残念でやりきれないものがある。

５５８回に上る答弁

大臣として初めての法案審議に臨むにあたり、私は２つの方針を立てた。１つは、国民の皆様に法案の内容をご理解いただけるように、できる限りわかりやすく、具体的に、そして、言えることは最大限答弁すること。２つ目は、細かな質問にも、所掌外の質問にも、できる限り大臣が答弁することを心掛け、職員にもその意識を徹底した。

法案審議は衆参合わせて50時間を超え、私の答弁回数が５５８回にも上った。審議当初は、丁寧に答えようとして「答弁が長い」と指摘されることもあったが、この方針を貫いたことで最終的には野党の皆さんにも賛同していただけたのだと思う。

たとえば、経済安全保障推進法のサプライチェーンを強靭化する対象の重要物資については、法案作成段階で半導体、電池、重要鉱物、抗菌薬、クラウドプログラムなどを事前に想定しているわけだが、こうした物資を法案に一つひとつ具体的に書き込むことはしない。対象物資を追加するたびに法改正をしなくてはならなくなるからだ。政省令などの下位の法令で規定することになる。したがって、法案審議の段階では、具体的な物資名を「断定的に」答えることはできない。

しかも、大臣の答弁は一言一言に重みがあって、後に問題になってはいけないので、役所のみなさんが作成する答弁案は、具体的な表現を避ける、というか、いろいろな含意のある高度な表現にする傾向がある。

しかし、私が一国民としてそうした答弁を聞いても、具体的なイメージが湧かず理解できないと思ったし、国会でも議論が深まりにくいと判断した。職員に対して「仮定や前提を付けたうえで、できるだけ具体的に答弁をする」と方針を決め、指示した。また、答弁は、聞かれたことに対する回答を小出しにするのではなく、言えることはできる限り答え切るという方針を明確にした。

国益を経済面から守ること

また、審議では「経済安全保障の定義は何か」と何度も聞かれた。法律上、「経済安全保障」を定義しなかったからだ。経済安全保障の定義については、そもそも定義することの是非を含め、条文案を作成する過程で、官僚の皆さんと相当議論した。結果として、法律上定義することは見送ることにした。

こうした経緯の中で、法案審議においても、当初は、「世の中に確立された定義はない」と答えたが、この答弁を繰り返していたら、本来議論していただくべき法案の中身に進めないと思った。そして、私自身が質問者や国民の立場だとすれば、「経済安全保障って何？」と思うのも当然であると考えたので、私の判断で、経済安全保障の定義について答えることにした。

その定義とは、２０２０年12月の新国際秩序創造戦略本部の提言で定義した内容である。「端的に言えば『わが国の独立と生存及び繁栄を経済面から確保すること』」と明確に答えたところ、質疑者もすぐに納得して下さり、法案の中身の質疑にスムーズに移っていった。

風呂に入りながら赤ペンで答弁を修正

このように、約600回もの答弁の中では、前記の例のように私の判断で答弁を変更して答えたものも少なくない。審議の前日に、役所に作成していただいた答弁案を自宅に持ち帰り、自身で赤ペンを入れながら答弁案の修正をしていた。時には風呂に入りながら直し、読みながらうとうとして答弁書を湯船に落としてしまい、慌てて乾燥させて、ぶよぶよに膨らんだ答弁書を持って翌朝の打ち合せに持参することもしばしばあった。

審議の中で「なぜセキュリティ・クリアランスがこの法案にないのか」といった質問を野党の議員からされた時は、「我が意を得たり」という思いだった。セキュリティ・クリアランスについては、2019年に設置した「わが国の技術優越の確保・維持に関する小委員会」の時から議論を進めていたためだ。

経済安全保障推進法案を検討する中でも、当然、セキュリティ・クリアランスの制度について役所と議論をしたが、その必要性、特定秘密保護法との関係、範囲、米国との同等性など課題も多く、法制化するだけの検討時間がどうしても足りなかったことから見送ったという経緯があった。この法案を成立させ、翌年にはセキュリティ・クリアランスの法整備に挑戦したいと考えていた。

こうした中で、法案審議にあたり、多くの野党から「セキュリティ・クリアランスが必要だ」との意見が表明されたことを受けて、衆参の内閣委員会における附帯決議に「十四　国際共同研究の円滑な推進も念頭に、我が国の技術的優位性を確保、維持するため、情報を取り扱う者の適性について、民間人も含め認証を行う制度の構築を検討した上で、法制上の措置を含めて、必要な措置を講ずること」と盛り込まれたことは、内心、非常に喜んだことを覚えている。

立憲民主党、日本維新の会の議員も賛同

こうして、２０２２年４月７日に衆議院本会議での採決の場に移った。採決の前に各

党代表者の討論陳述があった。共産党は反対の立場で、立憲民主党、日本維新の会、国民民主党からは賛成の立場からの討論があった。賛成の立場で討論をした各議員からは、審議に向けた私の対応について次のような評価をいただいた。

立憲民主党の本庄知史《ほんじょうさとし》議員：「経済安全保障という新しい多岐に亘る概念を法制化することは容易な作業ではありません。その意味において小林大臣をはじめとする政府・与党関係者のご尽力には率直に敬意を表します」

日本維新の会の青柳仁士《あおやぎひとし》議員：「国会において充実した審議を行おうという基本姿勢を貫く小林大臣の誠実な対応と答弁により、本法案が必ずしも明らかにしていない本質的な論点についても一定程度、生産的な議論を行うことができました。また、新たな国際秩序の形成を見越した経済安全保障の戦略的検討の必要性など、いくつかの重要な点についての見解の一致が見られたことは、大変意義深かったと考えています」

本会議場での討論の場で野党の議員からこのように発言していただき、ありがたい気持ちと、私が審議に入るときに決めた方針でよかったのだとホッとした気持ちになったのも事実である。大臣経験も初めてで、当然、法案の答弁も初めてだった。しかも、この法案は数多くの法案の中でも最も重要度が高く、首相が本会議で答弁する対象となる「重要広範議案」に位置付けられたため、この1カ月は緊張感が抜けない状態で審議に臨んでいたので、二人の野党議員の発言にはこちらが感謝したいくらいの気持ちになった。

こうして衆議院で可決し、参議院内閣委員会の場へと移った。参議院でも、衆議院での審議と同様に丁寧な答弁を心掛けた。その中で、今でも鮮明に記憶に残っているのは、共産党の委員とのやりとりである。

とくに大門実紀史《だいもんみきし》議員とは、法案の内容というよりも「経済安全保障」全般の議論になり、不思議なことに大門議員の考えと共有できるところも多々あった。たとえば大門議員から「日本はアメリカであれ中国であれ、遠慮することなく堂々と、本当、ある意味では自主独立の立場で、立ち位置で貿易も考えるべきだと思っておりますので、仮にもほかの国の影響を受けたり、ほかの国に追随したり、あるいは圧力を受けるというようなことがあって政策を決めるべきではないというふうに思いますが、この点いかがですか」との質問があり、まさに私がいつも言っていることと同じだった。

また、そういう質疑と答弁を続けていく中で、大門議員から「議論していて気持ちがいいですね」との発言があった。通常、自民党議員と共産党議員との意見は相反することが多いため、委員会室の雰囲気が少し和んだように感じた瞬間でもあった。

いよいよ参議院本会議での採決に臨むのだが、前の討論でも、国民民主党・新緑風会の礒崎《いそざき》哲史《てつじ》議員から「審議における小林担当大臣の誠実な答弁もあって、一定程度政府の方針が具体的に示された部分もあったことから、明らかになった課題を列挙することで賛成討論に代えたいと思います」との発言をいただいた。

法律成立で職員と共有できた達成感

このような議論を経て、２０２２年5月11日についに「経済安全保障推進法」が成立した。２０２２年12月には国家安全保障戦略が改定され、その中に経済安全保障の視点が多く盛り込まれた。そして２０２４年5月にはセキュリティ・クリアランス制度が成立した。

２０１９年に設置した小委員会から議論を始め、５年の月日を費やしたことになる。自民党の新国際秩序創造戦略本部でまとめた提言の「２０２２年の通常国会で『経済安全保障一括推進法（仮称）』を制定すること」、そして「将来改定される国家安全保障戦略に経済安全保障の観点を盛り込むこと」の２点が達成されたわけだ。

多くの関係者、とくに法制準備室の皆さんにはこの法律を作り、審議の準備をしていただき、職員一人ひとりが持てるエネルギーを注いだ作業だったと思う。法律成立後の施行までの準備もいっそう大変な作業だった。国民、いや国会議員であっても、その苦労はなかなか理解されないのではないかと思う。

経済安全保障推進法に関わってくれた法制準備室をはじめ、多くの役所の方には心からの感謝しかない。彼らの本意はわからないにしても、法律成立後にそれぞれの職員と話した限りでは達成感を共有できたと信じて疑わない。

昨今、国家公務員試験を経て入省する職員が数年で辞めていくと聞く。彼らは、想像していた仕事ではなかったことに落胆して辞める人もいるだろうし、そもそも「元〇〇省勤務」という肩書きで転職することを求めていた人もいるだろう。

国家公務員であろうと、民間企業であろうと、入社して数年は「下積み」もあろう。最初から自ら希望する仕事に取り組めることが理想かもしれないが、「下積み」で培われる資質もある。特殊な専門職でないかぎり、いろいろな経験を積むことが数年先、あるいは数十年先の自身をつくるものだと考えてほしいと願う。

そういう意味でも、法案の作成から庶務に至るまで、今回の法律に関わってくれた法制準備室の約70名すべての職員に心から謝意を改めて伝えたい。彼らがいなかったら当然、法律も成立しなかったし、ひいてはわが国の力が減退していくことを漫然と放置し、世界における日本のプレゼンスもいっそう低下していたに違いない。

第2章

「経済安全保障」は「国家安全保障」

――他国の動向に右往左往しない国へ

経済安全保障の全体像を示す

経済安全保障推進法を成立させる国会審議や法案説明の場で、私が必ず、くどいほどに口にした言葉があった。

「わが国の経済安全保障政策の中でこの法律は非常に重要なものであるが、最初の一歩にすぎない。喫緊の課題であって、分野横断的な課題を取り急ぎ法制化したものである。他にも取り組むべき課題は山積している」

同法はわが国が目指す経済安全保障政策全体の一部にすぎない、ということだ。

では、わが国が目指す経済安全保障とは何か。私は、政策、価値、時間といった軸からなる、わが国自身の経済安全保障の基軸をもつことが必要だと考えている。基軸をもつことで、他国の動向に右往左往することなくわが国の主体的な政策判断や、他国とのより効果的な連携、調整、交渉が可能になると考える。

政府の文書や国会答弁では、「同盟国・同志国（または国際社会）との連携」といったフレーズが頻繁に出てくる。連携を深めていくことは大切だが、「連携」という名の「追随」になっていないだろうか。同盟国・同志国であったとしても、各国それぞれ国益を最優先する。当然のことである。共通の国益であれば、「連携」は本当に大きな力となるであろうが、わが国としての基軸がなければ、他国に単に追随することになり、わが国の国益にかなわない結果にもなりうる。

まさに、この「基軸」こそが「戦略」なのだ。2020年12月の提言の中で、唯一実現されていない項目である「経済安全保障戦略の策定」の必要性を一貫して言い続けている理由でもある。

私が2022年8月で経済安全保障担当大臣を退任し、自民党に戻り、新国際秩序創造戦略本部から名称が変わった「経済安全保障推進本部」で最初に行った仕事が、経済安全保障の「全体像」を示すことだった。

2022年8月下旬、自民党経済安全保障推進本部の甘利明本部長を訪ね、党として経済安全保障の全体像を示すべきであることを伝えた。その上で、提言案を書き上げ、同本部事務局長に就任した大野敬太郎代議士に相談すると、「そうそう。こういうイメージだよね」と賛同してくれた。そうして、2022年10月4日に「わが国が目指すべき経済安全保障の全体像～新たな国家安全保障戦略策定に向けて～」と題した提言を取りまとめた。10月に取りまとめた党の提言の概略は左の図の通りだ。

この全体像がまさに、経済安全保障戦略の骨格にあたるものである。

経済安全保障の目的は経済成長

経済安全保障政策の目的は、「経済成長の強化・持続化」である。「経済安全保障＝企業やアカデミアを規制すること」ではないということを強調しておきたい。

図の右上部分に示している通り、わが国の安全保障は外交力と防衛力と、そして経済力の3つの力で支えられている。経済力が向上することにより、技術力や防衛力が向上し、それらを裏付けとする外交力も向上する。外交力が向上すれば、わが国の国益に資する国際ルールづくりにも主体的に関与できるようになり、さらに経済力が向上する。

こうした好循環を作り上げていくことで、わが国の安全保障が強化されていくと考えて

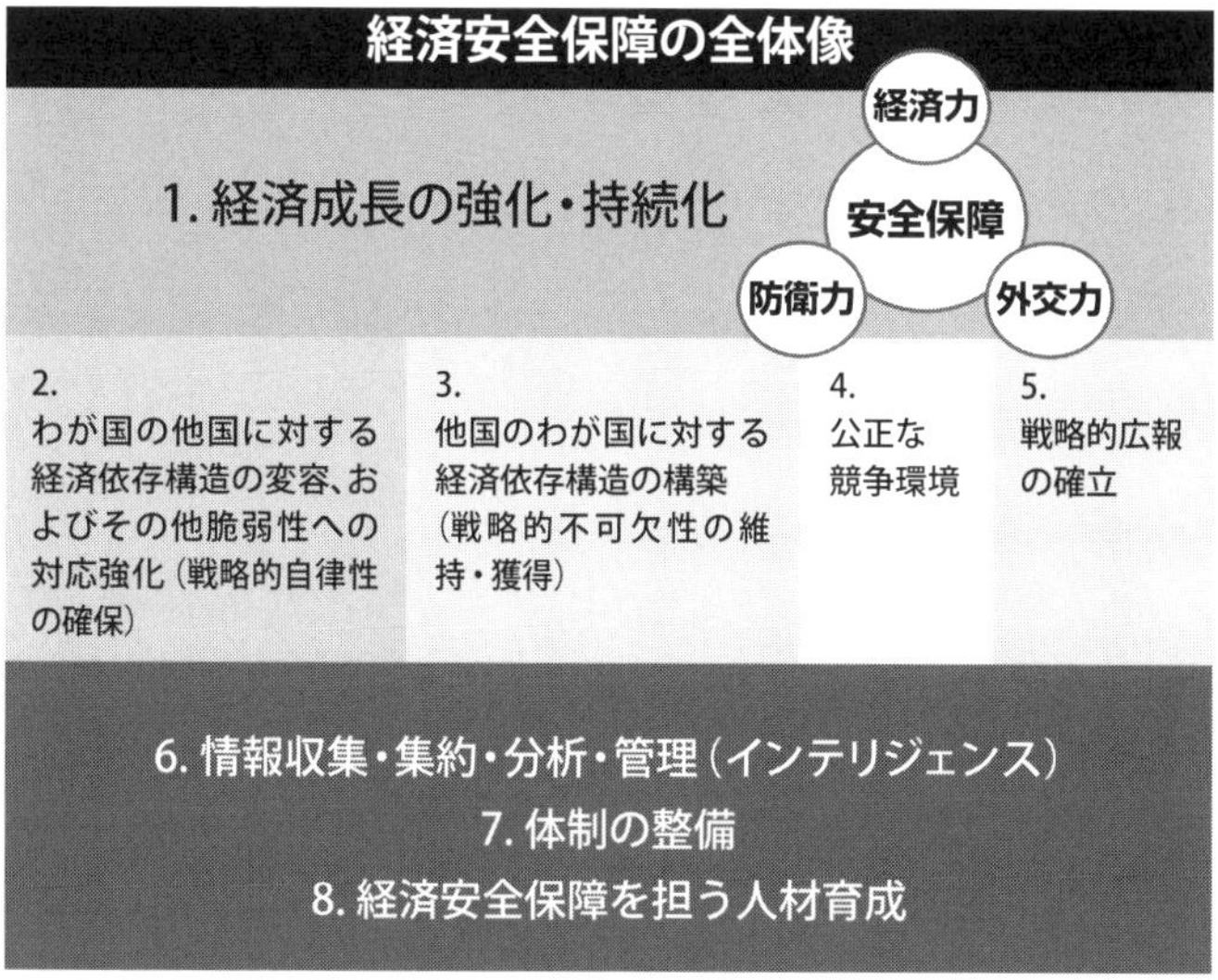

いる。この点は重要なので、後ほど改めて触れる。

次に、経済成長を支えるレイヤーに４つの項目を位置づけている。

１点目は、「わが国の他国に対する経済依存構造の変容、およびその他脆弱性への対応強化」である。これは、経済安全保障の基本概念の一つである「戦略的自律性」の強化を意味する。言い換えれば、各産業が抱える弱みの解消である。半導体や重要鉱物などのサプライチェーンの強靭化や、特定の市場への過度な依存の解消、サイバー・セキュリティの強化もこの項目に該当する。こうした弱みを可能な限り減らし、解消していくことにより、いかなる事象が生じても、国民の暮らしや命を守り、経済が力強く成長していく構造を作っていく、ということだ。

2点目は、「他国のわが国に対する経済依存構造の構築」。これは、経済安全保障のもう一つの基本概念である「戦略的不可欠性」の獲得を意味する。こちらは先ほどとは逆で、強みの獲得である。戦略的自律性の強化と補完関係にあるが、他国が日本を必要不可欠とする分野を一つでも二つでも戦略的に増やしていくことで、わが国の富は増大し、外交関係は強化され、国際社会における発言力・存在感も高まる。わが国の強みの特定、とりわけ将来的にどの分野に比較優位を持てるのかという判断は難しいが、現在、弱みの解消と優位性・不可欠性の獲得の両面から国策として取り組む半導体産業の再生をはじめ、宇宙産業や次世代エネルギーなど、技術立国として挑戦すべき分野は必ずある。

3点目は「公正な競争環境」の整備だ。各国の市場環境が異なる中で、データ、技術、人材の流出を通じて、わが国の企業の競争力が不当に阻害されることを防ぐ必要がある。

たとえば、わが国の企業がA国の市場でビジネスをする際に、その企業などが保有する技術の開示を要求されることがある。開示した技術を使ってA国企業が同種の製品を製造販売すると、結果的にわが国の企業はA国でのビジネスを続けられず、A国市場からの退出を余儀なくされる。あるいは、A国がサプライチェーン上の優位性を利用して、特定の国に対してのみ輸出を禁じ、相手国の経済活動を縮小させるといった行為は公正な競争環境とは言えない。こうした行為がエスカレートすると、国際市場における取引の公正性が損なわれ、世界経済にも悪影響が出てしまう。

４点目は「戦略的広報の確立」。政府一体となった情報収集をはじめ、迅速で適切な戦略的コミュニケーション能力の確立が必要である。つまり、自国民、同盟国や同志国に対して国家としての意思を明確に発信し、相手の行動変容を促していく。

発信のわかりやすい好例は、ウクライナのゼレンスキー大統領だろう。ウクライナへの軍事支援やロシアへの経済制裁強化を訴えるために英国や米国などで演説し、わが国の国会でもオンライン演説を行った。それぞれの国に合わせた演説内容で、私たち日本人の心の琴線に触れるようなアレンジを行った。「話すこと」「伝えること」「心を動かすこと」は同じような動作でありながらも、大きな違いがある。相手の立場に立った戦略的な発信は、わが国も大いに学ぶべき点がある。

情報を受け取る観点からは、「偽情報」などへの対策が急務だ。サイバー・セキュリティとも関連するが、偽情報に加えて、嘘ではないけれども誤解を招く情報やナラティブ（物語）について、細心の注意を要する世の中となってきた。こうした情報を巧妙かつ意図的に発信し、相手国民の心理や行動を自国の意図に沿う形に変えていく情報戦、心理戦はすでに始まっている。現在、内閣情報調査室、官邸国際広報室、NSSによる体制が整備されたところであり、関係省庁との連携とともに、正確な情報の対外発信を含め、対処能力の強化は焦眉の急である。

「オシント」「ヒューミント」も必要

これら4つの項目を基盤として支えるのが、情報収集・集約・分析・管理（インテリジェンス）、そして、それらの体制の整備、人材の育成・獲得である。とくに、インテリジェンスはわが国の自律性や優位性・不可欠性を強化するうえで非常に重要であるが、他の主要国に比し、わが国の能力・体制の現状は脆弱と指摘せざるをえない。

といっても、経済安全保障上の「インテリジェンス」とは、米国のＣＩＡや英国のＭＩ６のようないわゆる情報機関の設置を意味しているわけではない。こうした機関の設置については、別途議論する余地があると考えるが、経済安全保障の観点から必要とされるインテリジェンスは、国内外の先端技術の開発動向、企業の投資・買収等の動向、あるいは、海外政府・自治体の法律等の整備の動きなど、幅広い経済関連情報の収集を主に想定している。

情報収集の手段としては、新聞・雑誌・インターネットなどのメディア情報や書籍・論文などの公開資料から得る「オシント」（ＯＳＩＮＴ）を充実させること、有識者からのヒアリングなど人を介して情報を得る「ヒューミント」（ＨＵＭＩＮＴ）も必要である。

そのうえで得られた情報の分析力の強化が必要となるが、この分野での情報収集・分析については、在外公館等の能力・体制強化や各省庁間の連携に加え、民間企業との連携が不可欠である。また、インテリジェンスは、Give & Take の世界。Take Take のような、ただで情報をもらえるような都合のよい話はまずない。わが国のインテリジェンス能力を高めることで、他国との情報共有が深まっていく。こうしたことも踏まえつつ、国際連携のための情報共有メカニズムの構築を急がなければならない。

メインプレイヤーは企業とアカデミア

この全体像が「経済安全保障戦略」の骨格になることを先に述べたが、ある政策を立案・実行しようとする時に、この全体像のどこに位置づけられるのかを意識すること、さらには、この全体像を考えながらバランス良く政策を進めていくことが大切である。すなわち、わが国が目指す経済安全保障の目的と、その目的を達成するための政策手段を具体化すること、そしてその手段をいかに効果的に実行するかを示す姿としての「戦略」、言い換えれば国家としての基軸を明確に打ち出していく必要があると私は考える。

また、経済安全保障政策は国だけで進めることはできない。より正確に言えば、メインプレイヤーは国ではなく、企業であり、アカデミアである、との認識が必要だ。こうしたステークホルダー（関係者）とわが国の経済安全保障の目指すべき姿を共有することなしに、政策を整合的に進めていくことは困難である。だからこそ、こうした戦略を企業やアカデミアにも理解していただくことが重要である。

繰り返し強調するが、「経済安全保障戦略」の策定とは、わが国の経済安全保障の長期的目標、方向性、考え方を明文化するものである。政府、民間企業、アカデミアはじめ多くの国民が、その重要性を理解し、協調して行動することは、それぞれにとって有益であり、結果的に国益に資するのだ。策定を急がなければいけない。

ルールづくりに長けたEU

経済安全保障担当大臣に就任以降、多くの各国大使の方々に大臣室まで訪問していただき、わが国が進めようとしている経済安全保障政策について意見を求められた。その中で最も熱心に耳を傾けていたと印象を持ったのが、欧州連合（EU）だ。

そもそもEUは世界のルールづくりに長けている国々であるが、わが国の経済安全保障政策を参考にしたEUが、2023年6月、「EU経済安全保障戦略（EU Economic Security Strategy）」を先に制定した。そのコンセプトは私たちが自民党提言として打ち出していたことと被る点が多いが、むしろ、自民党提言のほうがより体系立ったものであると自負している。

しかし、政府としての文書でなければインパクトがないだけに少し悔しい思いをした。EUが戦略を打ち出した後に、日本政府は、「戦略」とは位置づけていないものの、EUの戦略と似たような文書「経済安全保障に関する産業技術基盤強化アクションプラン」（2023年10月31日付公表）を作成した。他国に追随する日本を依然として脱却できていない姿に忸怩《じくじ》たる思いを抱いた。

国家安全保障会議設置法に「経済政策」を追加

経済安全保障の全体像の説明の中で、経済力、防衛力、外交力の相関について触れた。実は、「わが国の安全保障は外交力と防衛力と、そして経済力の３つの力で支えられている」と断言できるようになったのには、それなりの理由がある。国家としての大きな方針転換があったからだ。それは、経済安保推進法の成立に際し、同時に進めていた。「国家安全保障会議設置法の改正」である。

国家安全保障会議とは、ナショナル・セキュリティ・カウンシル（ＮＳＣ）と呼ばれる、わが国の安全保障に関する最高の意思決定機関である。総理が議長を務め、ＮＳＳが事務局機能を果たす。そのＮＳＣの設置法を経済安全保障推進法の制定に合わせて改正したのだ。

国家安全保障会議設置法第二条（所掌事務等）の十一項が、これまで「国家安全保障に関する外交政策及び防衛政策の基本方針並びにこれらの政策に関する重要事項」であったところに、「及び経済政策」を追加した。これによって、わが国は安全保障を外交・防衛・経済の３つの政策からアプローチするということが法体系上も明確になった。

非常にエポックメイキングな動きであり、私が講演などで話すと得心される方も少なくないのだが、この点が当時メディアの関心事とならなかったのは、今でも不思議な感じがする。

「総合的な国力」を用いた戦略的アプローチ

このような経済安全保障推進法の成立と国家安全保障会議設置法の改正といった経緯があって、その約半年後の２０２２年12月に、「国家安全保障戦略」が改定された。同戦略は、２０１３年に第2次安倍政権にて初めて策定されたものだ。

改定された戦略では、わが国の国益と安全保障上の基本的原則と、その課題を踏まえ、わが国の安全保障上の目標を設定し、それをわが国の「総合的な国力」を用いて達成するための戦略的アプローチが明確化された。その「総合的な国力」は、「外交力」「防衛力」「経済力」「技術力」「情報力」の５つの要素から構成されるとの整理に繋がった。

さらに、この国家安全保障戦略において「我が国の経済成長が我が国を取り巻く安全保障環境の改善を促すという、安全保障と経済成長の好循環を実現する。その際、我が国の経済構造の自律性、技術等の他国に対する優位性、ひいては不可欠性を確保する」とされたことを含め、経済安全保障に関する記述が盛り込まれた。とりわけ先程述べた「経済安全保障の全体像」の個別政策が随所に盛り込まれたことは画期的であった。わが国の意思を一定程度、国際社会に示すことができたと評価している。

セキュリティ・クリアランス制度

経済安全保障政策は多岐にわたるため、本書で網羅することは紙幅の関係上困難であるが、具体的な政策についていくつか述べたいと思う。

おそらく経済安全保障や国の政策に関わっている専門家に限らず、近年、「セキュリティ・クリアランス」という言葉を聞かれたことがある国民の方々も少なからずいると思う。２０２４年5月に法律が整備され、話題を呼んだセキュリティ・クリアランス制度について、概要と経緯について記す。

そもそもセキュリティ・クリアランス制度とは何かと言えば、国が保有する機微な情報に関し、それを知る必要がある人に対し、その人の同意の下に、機微な情報を扱う資格があるか適性評価を行う制度のことである。端的には、その人が機微な情報を扱う信頼に足る人か否かを判断するためのものと言っていいだろう。セキュリティ・クリアランスを保有したうえで、得られた制度の対象となる機微な情報を漏洩した場合は、通常の国家公務員法の守秘義務違反よりも重い、懲役刑を含む刑罰が科される。

セキュリティ・クリアランスについて、これまで何の法制度もなかったわけではない。それが特定秘密保護法という法律だ。2013年12月に成立したが、成立までの国会審議がかなりもめたことや国会前のデモもあって、連日メディアで報道されていたので、記憶されている方も多いかと思う。国の安全保障に関わる情報のうち、とくに秘匿が必要な機密の保護のルールを決め、外交、防衛、スパイ防止、テロ防止の4分野の特定秘密を取り扱う必要がある人に対して、セキュリティ・クリアランスを付与する仕組みだ。

ではなぜ、今回のセキュリティ・クリアランス制度（正式には「重要経済安保情報の保護及び活用に関する法律」）が必要だったのか。

国家安全保障戦略の項目でも述べたが、安全保障の概念が外交と防衛という伝統的な領域に留まらず、経済・技術の分野に広がる中で、経済安全保障分野においても情報漏洩のリスクに対処する必要が高まってきたからである。経済安全保障上、守るべき情報としては、たとえばサプライチェーン上の脆弱性に関する情報やサイバー脅威や対策に関する情報などが挙げられる。

また、今回の新法（「重要経済安保情報の保護及び活用に関する法律」）の名前に付された「活用」という文字がポイントである。これまでもＡＩ、量子、バイオ、宇宙といった先端分野の研究開発を他国と共同で行う場合や海外政府の入札要件などで、海外の政府や企業からセキュリティ・クリアランスを求められるケースが散見されていた。こうしたケースで、セキュリティ・クリアランス制度がなかったわが国は他国との共同研究やビジネス展開の契機を逃していたのだ。

私は２０２４年の大型連休中にワシントンＤＣを訪問し、米国の連邦議会や政府の安保・経済安保関係者と面会した。その際に、わが国のセキュリティ・クリアランス制度の導入について、米国サイドの期待を感じた。今後、経済安全保障分野でもクリアランスの付与が可能になるので、他国との共同研究などの動きが進んで欲しいと願っている。

附帯決議に盛り込まれた立法府の意思

2022年5月に成立した経済安保推進法を準備する中で、セキュリティ・クリアランスについても、当初から検討していた課題の一つだった。当然その制度も盛り込みたいと思い、役所と議論をしたが、その必要性、特定秘密保護法との関係、範囲、米国との同等性など課題が多く、法制化を検討する時間がどうしても足りなかったことから見送ったという経緯があった。経済安保推進法は毎年、改正するくらいのペースで進化させていこうと、政府内の仲間とも話し合い、次の課題として位置づけた。

前述のように、衆参の内閣委員会の附帯決議には「十四　国際共同研究の円滑な推進も念頭に、我が国の技術的優位性を確保、維持するため、情報を取り扱う者の適性について、民間人も含め認証を行う制度の構築を検討した上で、法制上の措置を含めて、必要な措置を講ずること」と立法府の意思が盛り込まれた。内心、非常に喜んだことを覚えている。

ただし当時、多くの与野党議員のセキュリティ・クリアランスに関する理解は十分ではなかったように思う。セキュリティ・クリアランスの必要性を声高に言う方の中には、いわゆるスパイ防止法や外国人の適性評価を行う制度であるとか、民間保有の機微な技術情報を守る制度と誤解している方が多かったと思う。

セキュリティ・クリアランス制度の対象者は、外国人ではなく日本人（身辺調査項目に「家族や同居人の国籍」はあり）であり、また、対象となる情報は「国」が保有する情報であり、民間企業が保有する情報ではないことを改めて記載しておく。

しかしながら、この附帯決議があったこともあり、本来、審議のハードルが高いことも予想されたセキュリティ・クリアランスの制度化が大きな混乱もなく成立したことに安堵している。

あらゆる政策が経済安全保障に関わっている

2022年5月、経済安全保障推進法が成立し、わが国の経済安全保障の最初の一歩を踏み出した。そして2024年5月、セキュリティ・クリアランス制度が成立し、わが国の経済安全保障政策の次なる一歩が始まった。

この歩みを確実に前に進め、しかも速度を上げていかなければ「国益を経済面から守る」という目的の実現は図れない。経済安全保障はサプライチェーンの強靭化、サイバー・セキュリティの強化など推進法で強化する分野のほか、資源・エネルギー安全保障、海洋・宇宙開発、宇宙安全保障、海運・陸運含めた物流システム、食料安全保障、金融インフラ、情報通信インフラ、データの保護と利活用、大規模感染症等の有事への対応、インフラシステム輸出、科学技術・イノベーション力の向上、重要土地問題、そして国際ルール形成など、あらゆる政策が経済安全保障に関わっている。「経済安全保障は国家安全保障である」と言っても過言ではない所以《ゆえん》である。

これらの多岐にわたる分野それぞれが、経済安全保障の全体像で示した「戦略的自律性の維持・確保」に属する分野、「戦略的不可欠性の獲得」に属する分野、「公正な競争環境」に属する分野、「戦略的広報の確立」に属する分野など、それぞれに該当する。あるいは自律性の維持・確保と不可欠性の獲得の両方に関わる分野といった複数にまたがるものもある。

「能動的サイバー防御」の整備を

差し迫った重要な課題は、サイバー・セキュリティの抜本強化である。

近年、諸外国で起きた基幹インフラ設備へのサイバー攻撃の例を挙げると、２０１５年のウクライナの大規模停電、２０２１年の米国石油大手のコロニアル・パイプラインへの攻撃による5日間の操業停止などが起きている。同年には米国における水道施設、浄水場のシステムへのサイバー攻撃により、飲料水に含まれる水酸化ナトリウムの濃度が引き上げられた。その後もハッカーが飲料水や重要インフラシステムの情報技術に不正にアクセスするなど脅威が継続したことから、バイデン政権は2024年3月に、全米に水道システムへのサイバー攻撃に対する警告を発している。

脅威が増しているのはわが国でも同様だ。2019年、長野県阿智村の「水道施設中央監視装置」へのサイバー攻撃、2022年には、部品メーカーの子会社を経由したサイバー攻撃により自動車メーカーの工場が操業停止、大阪の医療機関では、基幹システムへのサイバー攻撃により緊急以外の手術や外来診療の停止といった事例があった。

さらに第1章でも触れたように、2023年の名古屋港のコンテナターミナルにおけるシステムへの攻撃により、3日間、コンテナの搬出入が停止した。また、宇宙航空研究開発機構（JAXA）への攻撃により機微なデータの窃取があったのではないか、という報道もあった。

重要インフラ等の機能に影響を及ぼす攻撃、情報窃取を目的とした攻撃、身代金目的の攻撃など、目的も攻撃する対象もその攻撃方法も様々であり、技術的にも高度化・巧妙化し、既存のセキュリティ対策では対応が難しい攻撃が増えているのは明らかだ。

今後さらにDXが進むことで、コネクテッドカーや自動運転車の脆弱性を通したサイバー攻撃などが起こると、社会・経済活動の停滞に留まらず、国民の生命をも脅かすことになるため、その対策の重要性を、企業や国民の皆様にもご理解いただく必要がある。

サイバー・セキュリティの強化のために必要なことが一つある。２０２２年、国家安全保障戦略に記載された「能動的サイバー防御」の整備だ。これは、安全保障に懸念が生じるような重大なサイバー攻撃を未然に防止あるいは無力化するための能力を整え、攻撃が起きてしまった場合でも被害拡大を最小限にするためのものだ。

サイバー空間は平時と有事が混在し、攻撃への対処は時間との闘いになる。平時から不審な動きを監視（モニタリング）することが非常に重要である。とくにエネルギーや通信などの基幹インフラ（社会基盤）は事前に攻撃を止めなければ、国民の命と暮らしに甚大な影響が生じてしまう。

なお、能動的サイバー防御については、憲法21条２項の「通信の秘密は、これを侵してはならない」とする「通信の秘密」との関係で課題があると指摘されている。通信の秘密を確実に担保しつつ、基幹インフラや政府・企業などの重要機密を守ることとも両立しなければならない。

法案の内容は政府を中心に現在検討中であるが、メールの内容などの情報を収集するのではなく、マルウェア（悪意あるプログラム）や不正コマンドを確認するといった「メタ情報」のモニタリングをすることとすれば、国民に不安を抱かせない範囲で相応のことができるだろう。

最新のサイバー攻撃情報や対策の技術的サポートが必要

民間企業に対するサイバー攻撃インシデントに関する情報を政府と迅速に共有する仕組みを構築することも必要だ。民間企業としては、サイバー攻撃の被害情報を外部と共有してしまうと、企業の情報管理措置の不備などを指摘され、企業の信頼性が低下するのではないかと情報共有をためらいがちだ。しかし、一企業のみで最新のサイバー攻撃被害を回避することには技術的限界がある。

そこで期待されるのが、セキュリティ・クリアランス制度の活用だ。国としては、企業に対し、サイバー攻撃のインシデント情報等の共有と公表を求める代わりに、セキュリティ・クリアランス制度を使い、国からも最新のサイバー攻撃情報やその対策のための技術的サポート等を企業に対して提供することが、今後、日々高度化・複雑化する最新のサイバー攻撃手法に対抗するために必要と考える。

こうした考えがあったため、党・経済安全保障推進本部は２０２３年5月に「民間セクターのサイバー・セキュリティの強化やアクティブ・サイバー・ディフェンス（ＡＣＤ）を含む包括的な対策が必要となる。政府は、この包括的な対策の推進に向け、体制の整備や制度の検討を早急に進め、実施にあたって必要となる予算を十分に確保すべきである」と提言した。

さらに同年11月には、「経済的威圧」に関する提言を岸田総理に申し入れした際、私は総理に対し直接、「サイバー・セキュリティは、民間事業者との連携、すなわち機微情報の共有が不可欠であり、セキュリティ・クリアランスと親和性が高い事項である。したがって、能動的サイバー防御の法制化は急ぐ必要があり、２０２４年通常国会で、セキュリティ・クリアランス制度と一緒に提出すべきである」といった旨を申し上げた。遅くとも、2024年内の臨時国会で仕上げるべきであると強く思う。

わが国のデータは、国が守る

私は年に4回程度、地元の皆様向けに『鷹之からの手紙』というチラシを作成している。その中でデータ保護の問題について、たびたび取り上げているのだが、2019年4月に「世界をリードする国へ」と題した『鷹之からの手紙』44号では、次のように書いている。

〈経済、安全保障、そしてイノベーション、これらすべてに深く関わるのが「情報戦略」。情報を制するものが世界を制する（中略）情報インフラのセキュリティを考えると、私は、可能な限り、国産のシステムを構築することが望ましいと思います。私は、わが国の重要なデータが、アマゾンのような他国企業で管理されている現状に危機感を抱いています。「わが国のデータは、国が守る」という方針を持って、情報インフラの

整備を国家戦略としてしっかり位置付けるべきだと思います〉

このようにデータの保護のあり方についての日頃から問題意識をもっていたので、党の会議においても「重要なデータについては国産のクラウドで国内管理すべきである」と主張していた。当時は「国内企業では無理だ」「データのローカライゼーションをするのか」「同盟国の企業だからいいじゃないか」。このような意見が主流だった。

しかし、同盟国であったとしても、米国政府の要請により米国企業がデータを提出しなければならないといったＣＬＯＵＤ法の存在や、国富とも言える企業の機密情報や研究データなどの流出、ひいては安全保障上の懸念を考えれば、できる限り自国のクラウドサービスで管理できることを目指すべきと考えた。

これは、まさに第1章でも紙幅をさいて説明した経済安全保障の自律性の確保につながる。ただ、こうしたことは、民間企業だけに任せていても実現できない。国が方針を示すべきだと言い続けたわけである。自民党の平将明《たいらまさあき》代議士が同様の主張をされていたことは記憶しているが、ほぼ四面楚歌に近い状態だった。私は「これは言い続けないと、日本の国力が低下してしまう」との強い思いがあったので、様々な党の会議で繰り返し訴えていた。

改めて強調したい。データを守ることは、経済安全保障であり、国家安全保障である。私は、個人情報に限らず、自動車・農業・健康医療など、様々な産業分野のリアルデータを含め、データの取り扱い（保護と利活用）やデータの法的位置づけについて関心を持ち、党内の会議などで私見を主張してきた。

今でこそ、自民党内やメディアにおいても、たとえば、政府が構築したクラウドシステムに国や自治体がデータを蓄積するガバメントクラウドなどの必要性が訴えられるようになった。国内のクラウド事業のほぼすべてをＧＡＦＡＭをはじめとする外資企業に任せることに慎重な意見も聞かれるようになったが、数年前はそのような状況ではなかった。

中国軍とのデータ共有は「致命的な脅威」

データの流出事案は枚挙に暇《いとま》がない。新型コロナウイルス感染症が日本でも蔓延し始めた頃、中国のゲノミクス大手であるＢＧＩ社が新型コロナウイルス検査キットを日本国立感染病研究所に無償提供したとのニュースが報道された。集めた検査試料をＢＧＩ社のシーケンサーで測定し、そのゲノムデータは中国に送られることになる。また、ＢＧＩ社は２０２１年3月当時、日本の64大学、20研究機関と提携していた。

この件について、こうした状況が抱える潜在的なリスクについて問題提起をしてきたが、当時の厚生労働省などの意識は十分でなかったと思う。アメリカでは、２０２１年1月時点でＮＳＳから安保上の懸念を表明し、２０２２年10月にはＢＧＩ社を米国人の投資を禁じる企業のリストに入れ、さらに、米高官はＢＧＩ社が集めたゲノムデータを中国軍と共有している可能性に触れ「致命的な脅威である」とも表明していた。

最近の事例で言えば、韓国通信大手ネイバー社と日本のＺホールディングスが折半で出資するＬＩＮＥヤフー社の情報管理に関する問題がある。２０２１年に報道などで問題が顕在化するよりもかなり前から、同社のデータ管理のあり方について懸念を持っていた。その後も、同様の問題が繰り返され、２０２４年４月には総務省による行政指導に発展した。

ＬＩＮＥについては、２０１２年に官邸が利用を開始し、２０１７年には総務省がマイナポータルとＬＩＮＥの連携を発表した。国がＬＩＮＥを利用することは、国がＬＩＮＥをオーソライズしていることに等しいと私は思う。その効果があったか否かはわからないが、ＬＩＮＥはすでに国内ユーザー数が９５００万人で、日本国内の利用率が80％を超えるほどの国民的アプリになっている。しかしながら、現体制でも、50％の出資先が他国の企業であることを考えれば、データの管理に関する経済安全保障上のリスクをしっかりと受け止めるべきではないだろうか。

なお、２０２２年10月の党・経済安全保障推進本部の提言において、自律性の向上の具体的施策として挙げたように、データの管理に関する制度整備〈情報の機密性に応じたクラウドサービスの利用に関する制度整備〈国産クラウド育成を含む〉、データのオーナーシップに関する制度整備、膨大なビッグデータを保有する企業に関する対内直接投資の審査のあり方の検討など〉については今後、取り組んでいく。

市場の獲得につながるデータの利活用

データの保護と表裏の関係にあるのが「データの利活用」だ。こちらも経済安全保障上、そして外交上も重要な課題である。

データの利活用については、２０１８年に始めたライフサイエンス・インダストリーのイノベーションを図る有志勉強会で、健康・医療データの利活用についてとりまとめた経験がある。それをきっかけに私は強い問題意識を抱き、翌年には自民党のデータヘルス推進特命委員会の事務局長として健康・医療データの利活用の議論を進めてきた。

データの利活用という意味では、衛星データについても関心を持っていた。衛星データは、安全保障上はもちろんのこと、宇宙産業の発展や今後大きな成長が見込まれる市場の獲得という意味でも重要である。私自身、有権者向けに「データの活用で明るい未来を」と題した広報紙を発行するなど、衛星データが国民の皆様の生活を便利で豊かなものにすること、将来性があり、期待できる分野であることを伝えてきた。

このように、データの利活用を早急に進めることが必要と考えていたため、自民党の知的財産戦略調査会で事務局長を務めていた際に、同調査会で「データの利活用」を一大テーマとして扱おうと考え、①リアルデータプラットフォームの構築、②データの利活用促進のためのルール整備をテーマとした。

とくに②のルール整備については、産業分野ごとに共有するデータと保護するデータを区別するルール、いわゆるオープン&クローズのルールを策定すること、そもそも現在も法的に定義されていないデータの法的な位置づけやデータに関する権利（オーナーシップ等）を法定する必要があった。それらを規定する新たな法律として、「産業データ利活用推進法（仮称）」を考えた。

党のカウンターパートであった内閣府の知的財産戦略推進事務局を含め、政府にこうした提案をしたが、当初は理解を得られなかった。唯一、同調査会長であった林芳正参議院議員（当時）は「世の中の理解の先を走り過ぎている気もするから、形にするのは容易でないけれど、大切なことだからやってみよう」と理解を示してくださり、了承していただいた。

私の熱意というか、しつこさのせいだったのかわからないが、三又裕生《みつまたひろき》・知的財産戦略推進事務局長（当時）にもご尽力いただいた。とくにデータ法策定の必要性については、所管の大臣にも掛け合って下さったことに感謝している。２０２０年５月の党の提言にこうした事項を盛り込んだが、政府で受け止めるのはかなり難しかったようだ。党で議論を始めてしばらく経った２０２０年２月、ＥＵが「データ戦略」を発表し、その後、その戦略の一つとして２０２４年１月に「データ法」が発効した。ＥＵに先を越された感もあり、歯がゆい思いをした。

日本がルールを整備してデータを「資源」として活用する

私が「産業データ利活用推進法（仮称）」の制定を急いだもう一つの理由は、２０１９年に安倍晋三元総理が世界に提唱したビジョン「ＤＦＦＴ（Data Free Flow with Trust：信頼性のある自由なデータ流通）」の具体化にも資すると考えたからだ。世界の自由主義国家を俯瞰した時に、データの取り扱いについて、米国とＥＵの２極に隔たりがある中で、日本がその間をつなぐ役割を果たすことはできないだろうかと考えた。

現在まで「データ法」も「データ利活用推進法」も策定されていないが、データプラットフォームは、企業や業界を横断してデータを連携・活用する取り組みである「ウラノスエコシステム」の構築が進んでおり、このプラットフォームが完成すれば、企業や業界のみならず国境もまたいだ横断的なデータ共有やシステム連携が可能になる。

わが国には医療情報を含め、自動車走行情報や工場の生産情報など、豊富で質の高いリアルデータが存在する強みがある。インターネット上のバーチャルデータの分野では、いわゆるGAFAなどの海外勢に大きく出遅れたが、世界が「データ駆動型社会」へと進んでいく中で、わが国としては産業データを中心とするリアルデータの利活用を加速させ、イノベーションを喚起することが重要だ。そのためのルール（法律）の整備を進め、データを「資源」として活用することによって、世界をリードする国へ一歩近づけると信じている。

エネルギー安全保障――電力は「技術進歩の仲介者」

エネルギー、とりわけ電力は、私たちの暮らしの基盤であるだけでなく、すべての産業の基盤である。

わが国は、いかなる状況でも安定的かつ安価に電力を供給できる国でなければならない。ここ数年、電力供給が逼迫《ひっぱく》する年が続いており「電力需給ひっ迫警報」が発令されたこともあった。わが国は、電力供給のあり方をいま一度冷静に見直すべきと考える。

電力は「技術進歩の仲介者」。アメリカの経済学者サム・シューアの言葉だ。まさに今後、ＤＸを進め、生成ＡＩ、自動運転などによるイノベーションを実現するには、膨大な電力が必要である。つまり、安価で安定した電力を供給できなければ日本は「技術後進国」になるリスクがあるとも言える。

たとえば、半導体製造の肝は電力と水だ。半導体の受託生産で世界最大手「台湾積体電路製造（ＴＳＭＣ）」が熊本で稼働させた一工場が消費する電力量は約９億ｋＷｈ

（キロワットアワー）、一般家庭の30万世帯分とも言われている。わが国の足元の総電力消費量は９００ＴＷｈ（テラワットアワー）だが、生成ＡＩが活用されることで増設されるデータセンターとネットワークの合計消費電力は、２０５０年には2万１０００ＴＷｈにもなるとの試算がある。

ＤＸと共に消費電力が激増するとの予測は、今でこそ世の中で広く認識されるようになったが、第6次エネルギー基本計画が策定された２０２１年時点においてはその認識が政府内部においても十分ではなかったように思えた。なぜなら、各機関による電力の需要予測が統一されていなかったからだ。

ちなみに同基本計画では「徹底した省エネルギー（節電）の推進により、２０３０年度の電力需要は８６４０億ｋＷｈ程度、総発電電力量は９３４０億ｋＷｈ程度を見込む」とされ、その認識の下で電源構成の目標を決めている。

また、電力中央研究所は２０５０年の電力需要量を１０１７ＴＷｈと予測（電力広域的運営推進機関「第2回 将来の電力需給シナリオに関する検討会」２０２３年11月30日）し、「令和5年版情報通信白書」では省電力の技術革新がない条件のもとでは、ＩＣＴ

インフラ（データセンター、ネットワーク）のみで、2030年に183TWh、2050年には2万1000TWhになるとの試算を紹介している。

電力需要の予測が各機関で大きく異なることもあり、私は2019年頃から、将来のDX進化を踏まえた電力需要の試算をするように経産省と総務省に依頼し続けている。次期エネルギー基本計画を策定するうえでも、そもそもこの試算なしに計画は作れないので、悲観的想定、楽観的想定等を含めて、早急に試算してもらいたいと思う。

今後、活発な企業活動を支えるためには、できる限り安価で安定した電力供給を追求しなければならない。そこで大切なのは、電力源のベストミックスと自給力の向上である。現行のエネルギー基本計画（エネ基）には、①再生可能エネルギーの主力電源化を徹底し、再生可能エネルギーに最優先の原則で取り組み、国民負担の抑制と地域との共生を図りながら最大限の導入を促す、②可能な限り原発依存度を低減する、③火力発電は再生可能エネルギーの調整電源であるが、安定供給前提に可能な限り低減する、という大きな3つの方針がある。このうち②については、すでに岸田総理の「原発再稼働を進めるという発言」もあったが、①および③についても見直しを含めた検討をしていく必要がある。

「アジアスーパーグリッド構想」はありえない

自然エネルギーへの過度な傾注は国力を弱める。それが私の認識だ。地熱発電などは別として太陽光発電、風力発電など自然エネルギーの利用に過度に依存することは、国土や海洋の安全（保障）、国富の流出など様々な観点から課題があるからだ。また、自然エネルギーを導入すればするほど、調整電源としての火力は必要となり、また災害発生時、悪天候が続くときなどはどうしても火力に頼らざるを得ない。とくに原発が稼働していない地域については、火力発電がなければ停電の危機にさらされることになる。

重要なのは、国ごとに置かれている状況が異なること。経済の発展度合いや地政学的なリスクなど、固有の事情を踏まえて現実的なエネルギー政策を実行することが大切である。

たとえば、日本と同じ島国・イギリス。イギリスは2020年1月にEUを離脱したが、欧州各国は基本的な価値を共有する関係にあるため、イギリスを含めて各国がグリッド（送電網）で繋がれており、いざというときには原子力中心のフランスなど他国から電力を融通してもらうことができる。

日本は地政学的にも欧州と同様のことはできない。最近、問題となった内閣府再エネタスクフォースの委員らが提唱する「アジアスーパーグリッド構想」は、大陸側の国々に日本の生命線を預けることにもなりかねず、ありえない発想だと考える。

いずれにしても、現行のエネルギー基本計画の内容は、早急に見直すべきだ。２０２１年３月には第６次エネルギー基本計画の策定に向けてわが国としてのエネルギーミックスのあり方などの問題意識を伝え、さらに２０２２年10月17日の予算委員会では西村康稔経済産業大臣（当時）に改定を求めた。結局のところ、２０２４年度には次期エネ基が策定される見込みとなったので、エネルギーミックスの抜本的見直し、原発の位置づけ、近未来の新技術、核融合発電等の研究開発なども盛り込んでいくことが必要と思う。

地産地消型エネルギーシステムの構築を目指して

資源の乏しいわが国のエネルギー政策のポイントは、多様な電力源を維持することが基本である。したがって、再生可能エネルギーもその一つではあるが、価格と安定性だけでなく、設置場所、事業者としての保守のあり方、自治体との摩擦、サプライチェーン上の脆弱性さらには安全保障上の課題などもある。

その一つ、太陽光発電をめぐっては、大面積の設備の設置に伴う国土保全上の問題や固定価格買取制度の持続可能性への懸念が指摘されていた。そうした課題の解決と地域内で経済循環が寄与する地産地消型のエネルギーシステムの構築を目的として2019年3月に議員連盟を設立し、さらに2020年に「真の地産地消・地域共生型エネルギーシステムを構築する議員連盟」として改組した。

再エネ関連では、十分な議論やリスクの検討もなく、規制緩和が進む実態もあった。内閣府に設置された「再生可能エネルギー等に関する規制等の総点検タスクフォース」

が求めていた風力発電の環境影響評価の大規模緩和に対して「明確な根拠はない」と断じ、理論的・合理的根拠を示すように求めた。

また、資源エネルギー庁と連携して、２０２３年に関係法令に違反した業者に対する罰則を含めた規制強化の法整備を行った。現在、太陽光パネルや風力発電設備の大量廃棄問題に対する法整備を２０２５年の通常国会にて行うべく取り組んでいるところである。

日本を制約から解放する「フュージョンエネルギー」

現在、わが国が自前で確保しているエネルギーの割合、いわゆるエネルギー自給率は13・４％しかない（総合エネルギー統計２０２１年度速報値）。必然的に大半を他国に依存せざるを得ない構造を改め、エネルギー自給率を中期的に上げていくために、私が注目している候補の一つが「フュージョン（核融合）エネルギー」である。軽い原子核同士（重水素、三重水素）が融合して別の原子核（ヘリウム）に変わる際に放出されるエネルギーを指す。「究極のエネルギー源」とも称されるフュージョンエネルギーの研究開発が世界中で活発になってきている。

それは、①膨大なエネルギーの創出、②固有の安全性、③環境保全性（高レベル放射性廃棄物や温室効果ガスを出さない）、④豊富な燃料源などの特徴を有する。フュージョンエネルギーの実現が意味するのは、世界の資源の偏在という問題を解消するだけではなく、エネルギーをめぐる覇権を資源の保有者から技術の保有者に転換することである。

これまで日本の経済社会のアキレス腱であったエネルギーの制約から解放されることは、わが国の可能性を飛躍的に拡大することにもつながるとの思いで、２０２４年2月に自民党内にフュージョンエネルギーのプロジェクトチーム（ＰＴ）を立ち上げ、精力的に議論を進めた。

技術で勝って、ビジネスでも勝つ

フュージョンエネルギーの研究開発については、日本や欧米などが実験炉を共同で建設するＩＴＥＲ（イーター）計画が進められているが、その技術とサプライチェーンの肝にあたるところは実は日本が握っている。一方、英国や米国はフュージョンエネルギーの産業化を目標とした国家戦略を策定し、民間投資を喚起し、スタートアップなどによる研究開発を加速させ、技術の囲い込みやサプライチェーンの強化を図っている。中国も国家主導で多大な資源を投入する形で、研究開発を加速している。

こうした点を踏まえ、わが国が「技術で勝って、ビジネスでも勝つ」ために、ＰＴとして打ち出したのが次の方針だ。

①世界に先駆けた発電実証を目指し、その目標時期を２０３０年代に前倒すこと（現在は２０５０年頃）
②法改正や資金支援の具体策の措置
③次期エネルギー基本計画で、フュージョンエネルギーを国策として位置づける

国がやるべきことは、ビジョンの提示と資金支援のコミットメント。つまり国家として本気で取り組む意思を示すことだ。企業やアカデミアにとっての予見可能性も高まることで、本気で挑戦する企業や人が出てくることを心から期待する。

食料安全保障——わが国の農業を持続可能なものに

ロシアのウクライナ侵攻をきっかけとした小麦、トウモロコシ、大豆、農業資材のうち原油、肥料の価格高騰は、わが国のみならず世界中に影響を及ぼし、食料の安定確保がリスクにさらされないようにする食料安全保障の重要性が注目された。

国連食糧農業機関によると、短期的にはロシアのウクライナ侵攻が要因だが、その他として、新型コロナ感染症による労働力不足や巣ごもり需要の急拡大による物流の混乱が長く続き、その影響があることや米ドル独歩高のほか、バイオ燃料需要の急増や世界人口の増加などの背景があるとされている。

私は「千葉都民」と称される、いわゆるベッドタウンである千葉県八千代市に住んでいるが、八千代市の北部にはまだまだ田畑も多く、数は少ないものの畜産農家もいる地域だ。妻子とともに週末牛小屋に遊びに行くこともたまにあるが、ロシアのウクライナ侵攻後に訪れると、畜産農家の方から「飼料や燃料が高くてやっていけない。もう畳《たた》もうかとも思っている」と深刻な表情で訴えられた。

このような身近な訴えに私自身、耳を傾けつつも、中には生業を断念せざるをえなかった地元の方の姿も目の当たりにしてきた。食料は生きていくためには欠かせないもの。わが国の食料安全保障の観点からも、わが国の農業を持続可能なものとし、将来にわたって国民に食料を安定的に供給できるよう力を注ぐのが国の役割だ。

そのために輸入品依存が激しい小麦・大豆の国内での増産や、加工食品などの原料の国産への切り替えを図る。世界6位の排他的経済水域を持つ海洋国家・日本として水産資源を無駄にせずに適切に管理したり、外国人による密漁なども横行する漁業の取り締まり体制も強化したりすることで、国内生産基盤を強化する。また、過去には他国への流出も報告されている和牛などのブランド産品の遺伝資源を知的財産としてさらに厳格に管理・保護するとともに、改正種苗法に基づく優れた植物品種の海外流出を防ぐ体制づくりを進めるなど、食料分野でのわが国の国際競争力をさらに高めなければいけない。

経済安全保障の基本概念の一つである「戦略的自律性」を向上させるうえでも、いかなる状況においても、他国の政策動向に左右されることなく、国民の暮らしに必要な農水産物の安定供給できる体制を構築しなければならない。

食料自給率に加えて「食料自給力」の強化が必要

こうした中で、2024年の通常国会において、食料・農業・農村基本法が改正され、基本理念に食料安全保障を正面から位置づけたこと、そして、食料安全保障の確保を「良質な食料が合理的な価格で安定的に供給され、かつ国民一人ひとりがこれを入手できる状態」と定義づけたことは大きな前進である。併せて、食料供給困難事態対策法が制定され、重要な食料の供給が大幅に不足し、国民生活や国民経済に支障が生じる場合に、安定供給の確保に関する国の権限を規定したこともわが国の食料安全保障の強化に資するものである。

わが国の食料自給率は年々減少傾向にあり、現在はカロリーベースは38％だ。生産額ベースの58％とともに主要先進国のなかで、最低の水準にあることはよく知られている。これを反転させていくことは必須であるが、ここで注目して欲しいのは、もう一つ大切な概念である「食料自給力」の向上だ。食料自給力とは、「農林水産業が有する食料の潜在生産能力」と定義され、農産物は農地・農業用水等の農業資源、農業技術、農業就業者から、水産物は潜在的生産量、漁業就業者から構成される。

ここで事例として、再生可能エネルギーの導入推進によって農地転用が進んでいる現状を取り上げたい。最近では、私の地元・千葉県のみならず、新幹線などの中からも、畑の上に設置された太陽光パネルを目にすることが少なくなく、複雑な気持ちに駆られる。皆さんが住む地域でも同じような光景はないだろうか。

前にも少し触れたが、２０２０年末に内閣府に「再生可能エネルギー等に関する規制等の総点検タスクフォース（以下「ＴＦ」）」が設置された。このＴＦは、再エネを最大限導入する観点から、その障壁となる規制を総点検するとされ、立ち上げ直後から規制緩和に向けて精力的に検討が開始された。

その検討対象の一つに農地や保安林等に関する規制の見直しが位置づけられたわけだが、ＴＦの検討プロセスは、あまりにも拙速かつ強引で、私には結論ありきの議論にしか見えなかった。このままでは食料安全保障にも悪影響を及ぼしかねないと考えた。

そこで、エネルギー安全保障のパートでも述べた「真の地産地消・地域共生型エネルギーシステムを構築する議員連盟」で、この問題を取り上げ、「風力発電に係る環境影響評価及び農地転用等の規制のあり方に関する提言」を２０２１年3月に緊急提言として取りまとめたのだ。主な内容としては、次の通りである。

・営農型太陽光発電設備（ソーラーシェアリング）のさらなる規制緩和については、優良農地の保全を含め、国民生活の基盤に関わる食料安全保障の観点から慎重に検討したうえで対応すること。
・再生可能な荒廃農地の転用については、農山漁村再エネ法の趣旨を踏まえ、慎重に検討したうえで対応すること。

・農地は営農を基本とし、荒廃化していない優良農地を農山漁村再エネ法の対象地域に加えるべきではないこと。

２０２４年の通常国会で成立した「改正食料・農業・農村基本法」に関する党の会議でも、私は「農地の確保が重要であるので、営農型太陽光発電設備の推進は慎重にするべき」旨を訴えた。それに対し、幹部議員から前向きな回答をもらった。

食料自給力を高めるためには、農業就業者を増やすことが不可欠である。そのための課題は平均所得の低さだ。今後20年間で、基幹的農業従事者は現在の約４分の１（１１６万人→30万人）まで激減することが予測されている。農業従事者の平均所得を高めなければ、大幅な増加は見込めない。その意味で、今回の食料・農業・農村基本法の改正により、「食料の合理的な価格の形成」について、「需給事情及び品質評価が適切に反映されつつ、食料の持続的な供給が行われるよう、（中略）その持続的な供給に要する合理的な費用が考慮されるようにしなければならない」とされたことは画期的だった。今後は、私たち消費者を含めた国民全体が、「農業＝安全保障」という意識を高めることで、消費行動を適切に変化させることも必要だろう。

最後に、サプライチェーンの強靭化について触れておきたい。2022年に成立した経済安全保障推進法で規定した強靭化の対象となる特定重要物資として、「肥料」を政令で指定した。肥料は食料の安定供給に不可欠でありながらも、その原料が特定の地域に偏在し、わが国の依存度も高い現状にある。

農林水産省は、とくに海外依存度の高い、リン酸アンモニウムと塩化カリウム（共にほぼ全量を輸入。リン酸アンモニウムは大半を中国から輸入）を支援対象とした備蓄の強化を推進している。

最近では下水汚泥や堆肥といった国内にある資源の利用拡大に意識的に取り組む自治体や企業も増えてきた。こうした取組みを総合的に推進していくことで、食料安全保障を強化していくことが肝要だ。

外国人による土地取得に関する規制

自衛隊施設や水源地周辺の土地が外国資本に買収される事例が増えてきた。外国人による土地取得のあり方について国民の関心が高まっている。

国家の３要素は、「国民」「領域」「主権」とされている。土地は、領域の一部を占める重要なインフラなので、国益にかなう形で守り抜くことが肝要である。

２０１３年、初当選直後の外務委員会での私の質疑テーマの一つが、外国人による土地取得に関する規制についてだった。

わが国には大正時代に制定した外国人土地法で国防上必要な地区については政令によって外国人の土地取得を制限することができるようになっているが、ＷＴＯ等の国際ルールとの関係により、現行憲法の下では政令が制定されておらず、有名無実化している。自治体の中には、危機感を募らせ、国に先行して条例で規制をかけているところもある。

こうした状況の中、自民党では２０１３年に特命委員会を立ち上げて検討を重ね、ようやく２０２１年に「重要土地等調査法」が制定された。大切な一歩であり、確実に履行していかねばならないが、私は、さらなる取り組みが必要だと考えている。

その理由は、対象範囲が、国境の離島や重要施設〈自衛隊・米軍、原発、空港〈自衛隊使用〉〉周辺のみであること、そして、対象となる土地の利用状況の調査や利用規制はあるが、取引自体の停止や解消までは規定されていないからである。

先述した水源地周辺土地は本法に含まれず、さらに最近では、重要施設周辺ではないが、山腹を含む広大な土地や天然記念物も生息する湿地などに、自然破壊とも言えるような形で再エネ設備を設置する事例も増えている。国土を守るという観点から検討しなければならないと考えている。

「変な利用」を見つけた国民が協力しやすい環境づくり

この問題に対して、私は次のように3段階のステップを踏みつつ、着実に同法を改正していくのがよいと考える。

〈重要土地等調査法の改正〈内外無差別がベター〉〉

第１ステップ：現行法の見直し（国境離島以外の離島の追加）

「重要土地等調査法」の上乗せ規定として、国境離島でもなく、有人国境離島地域離島でもない離島を対象とし、沖縄県の無人島で中国人が大半を購入したとされる屋那覇島のような案件をカバーすべきである。たとえば「領海基線を有しない無人離島」を同法の対象として追加したうえで、「海上交通の安全確保」「海洋資源の開発・利用」「海洋環境の保全」といった機能を法律に追加すべきだ。

第２ステップ：「重要土地等取引法（仮）」として現行の「調査法」を改正（現行法に取引の停止・変更・解消命令を追加）

「重要土地等調査法」に取引規制を追加する。たとえば、対象地域の中でも重要な土地を「指定地域」としたうえで、取得の理由や今後10年20年にわたりどのような利用をするのか等、事前届出を義務付ける。審査期間中は取引を禁止。これは「経済安保推進法」の基幹インフラの重要設備の審査と同様の規定である。

審査により、施設や離島の機能を阻害する恐れがあると判断された場合は、取引の中止・変更を勧告できるとする。この場合は、内外無差別原則。日本人であっても対象とする。なお、こうした権限は保有しても、抑制的に行使する（過度な運用は避ける）ことが肝要である。

第3ステップ：国土全体の土地取引に関する規制法（森林、農地等を規制対象に）

同時並行で、農地法、森林法などを改正し、事後届出を事前届出とし、国籍の提出なども求めることとする。台帳をデータベース（DB）化し連結させ、国として一元的に把握できるようにする。また、海底ケーブルの陸揚げ局など、重要施設の対象の拡充を図るべきである。

重要土地等調査法の3条に「個人情報の保護に十分配慮しつつ」「必要な最小限度」とある通り、できる限り丁寧にアプローチし、国民の理解と協力を求めるほうが、実効性は高まるのではないだろうか。そのためにも同法の改正は段階的に進める必要があると考える。つまり、国の機関だけで運用するのではなく、「変な利用」を見つけた国民が自発的に協力しやすい環境づくりこそ大切だと考える。

宇宙産業の推進と宇宙安全保障

子どもの頃から宇宙を舞台にしたアメリカ映画が好きだった。１９６８年の『２００１年宇宙の旅』、１９７７年の『未知との遭遇』、１９９５年の『アポロ13』など、名作は数多い。２０００年代に入っても、『ミッション・トゥ・マーズ』『月に囚われた男』『ゼロ・グラビティ』『パッセンジャー』などと宇宙を描く作品は、大人になっても冒険ロマンと好奇心をかき立ててくれる。

なかでも『２００１年宇宙の旅』は、同じ宇宙をテーマにしていてもフィクションの色彩が強い他の作品とは少し趣が違うところがある。同作の製作が始まったのが１９６４年。作品の世界は、月に人類が居住する月面基地、史上最高のコンピューター「ＨＡＬ」、スペースシャトル、軌道周回ステーション、木星飛行任務など、科学技術の当時の現状と発展を正確に把握したうえで、描写やエピソードを描いていたからだ。

まさに、この映画が公開された1968年以降、米国が実現したものもあるが、月面基地や木星飛行、現在は火星を目指すプロジェクトが米国をはじめとする主要各国で進行しており、映画はそれらを先取りしたような内容だった。

1961年にはケネディ大統領が米国の威信をかけた人類初の月への有人宇宙飛行プロジェクト「アポロ計画」を発表した。この頃は、まだ国が主導する宇宙開発が始まったばかりであり、無人の打ち上げロケットの飛行テストをしている段階であった。

では、映画が、なぜあれほどまでに技術的根拠に根差して作ることができたのか。マイケル・ベンソン著『2001：キューブリック、クラーク』（添野知生監修、中村融他訳、早川書房、2018年）によると、監督を務めたスタンリー・キューブリックが徹底的に調査・精査をしたこともあるが、多くの情報が一流のアメリカ企業からもたらされたためであったという。アメリカの技術力の底力はこうした点にある。

21世紀に入ると、民間による宇宙ビジネス参入が活発となった。2000年には「数百万人が宇宙に暮らし、働く世界を作りたい」としたジェフ・ベゾス氏がブルーオリジンを、2002年には「人類を火星に送り込む」としたイーロン・マスク氏がスペース

Xを創業した。

　これに先立つ２０００年に、米国では宇宙輸送システムを民間と作り上げる方針「スペースローンチイニシアティブ」が打ち出され、２００４年には、民間による国際宇宙ステーション（ＩＳＳ）の輸送方針を固めた。２００５年に民間企業から物資や宇宙飛行士を地球低軌道まで輸送する能力を調達するための育成計画（Commercial Orbital Transportation Services：ＣＯＴＳ）が始まり、それに応募し選定されたのが、スペースXだった。まだ飛行実証もない企業に３００億円を超える研究費が　渡され、目標は２０１０年までと設定された。２００８年、４回目の飛行実証でようやく成功し、２０１０年には「Falcon 9」の初飛行が実現した。

　以上は、２０２２年に出版した大野敬太郎代議士との共著『解説「宇宙資源法」』（第一法規）にも書いたことだが、今でも改めて読むと心がワクワクしてくる。わが国も１９５８年に東京大学生産技術研究所の糸川英夫教授グループによる観測ロケット「カッパ６型３号機」の打ち上げを成功させ、さらに１９７０年2月12日に、ミューロケットによる日本初の人工衛星「おおすみ」の打ち上げを成功させた。これにより、日本は米国、ソ連、仏国に次ぐ世界で4番目の人工衛星打ち上げ国となった。

しかし、当時からすでに世界の宇宙開発競争の観点からはわが国の宇宙プロジェクトが立ち遅れていた感は否めない。現在、天気予報、衛星放送、衛星通信、位置情報によるナビゲーションなど、私たちの暮らしが豊かに便利になったことには、わが国の宇宙空間の利活用が大きく影響している。その観点からも、主要な他国との競争を念頭に入れつつ、もっとテコ入れが図られて然るべきだと思う。

市場が伸びる衛星サービス

今後の宇宙産業の市場規模については、2040年には、1兆ドルを超えるとされる予想もあり、わが国の経済にも大きな貢献が見込まれる。そのうち衛星サービスの占める割合が宇宙産業市場全体の50%を超えるであろうとされている。

わが国も、当然この市場を獲得すべく宇宙産業の育成をいっそう図る必要がある。とくに、観測衛星の製造や衛星コンステレーション（中・低軌道に打ち上げた多数の小型非静止衛星を連携させて一体的に運用する）用の小型衛星の製造に力を入れていく必要がある。

なかでも私はかねてより、わが国としての通信衛星コンステレーションの必要性を訴えている。すでに米国のスペースX社が運用する衛星コンステレーションのスターリンクがあるのだからそれを使えばよいという意見もあるが、同盟国といえどもあくまでも民間企業であることも踏まえ、わが国の自前のものが自律性の観点からも必要だ。

また、その前段の大きな課題として、宇宙へのアクセスの能力、すなわちロケット打ち上げの能力と頻度を上げていくためにも、インターステラテクノジーズ社やスペースワン社といったわが国のスタートアップへの支援と射場の整備が必須だろう。

今後、市場が伸びる衛星サービスとしては、前述した通信サービスをはじめ、位置情報、画像を含む観測、さらには宇宙状況監視（ＳＳＡ）が挙げられる。

ＳＳＡについては、地球近くの物体の追跡や検出、人工衛星間あるいはその他物体との衝突危険の回避、安全保障目的のための監視も含み、重要性が増しており、２０２１年の市場規模は15億ドルから２０２６年には18億ドルに達すると予測されている。今後は民間企業による宇宙空間での輸送事業も増加していくものと考えられ、宇宙交通管理（STM）についてもさらに市場規模が大きくなることが予想される。

宇宙の安全で持続的な利用を実現するため、スペースデブリ（宇宙ごみ）対策に関する技術開発をわが国として推進する必要もある。また、民間による宇宙輸送などが増加すると考えられる中で、宇宙交通管理（STM）に関する国際的な規範、ルールなどの形成に対してわが国が先導的に貢献していくべきだ。

「宇宙安全保障構想」を策定

宇宙空間はこのような産業としての利用だけでなく、安全保障上もその重要性が急速に増している。

たとえば世界各国は、情報収集衛星、観測衛星、偵察衛星などのほか、他の衛星の攻撃や妨害をするキラー衛星などから得られる情報を基に軍事作戦を展開するようになってきている。したがって、これらの衛星を物理的に守り、また通信情報を傍受されないようにすることが重要となる。

米国、中国、ロシア、インドの4カ国は、1960年代以降、十数回の衛星攻撃兵器（ASAT）の発射実験を行った。当然、デブリも増え、宇宙空間の利活用の妨げになる行為である。2022年に米国はASATで発生するデブリも考慮に入れて、宇宙開発に対する危険性に鑑み実験禁止とする方針を打ち出したが、このような宇宙空間の物体に対する武力行使あるいはそれに準ずる威嚇《いかく》は、法的に禁止すべきだ。何らかの不測の事態が起こった場合、たとえばアメリカの測位衛星GPSが攻撃された場合は、地球上のナビゲーションシステムに異常をきたし、大混乱となる。

こうしたケースも想定し、私は、2019年2月、衆議院予算委員会の分科会の場で、当時の河野太郎外務大臣に対して、宇宙空間における日米同盟のあり方や、日米安保条約の適用について質問した。その時点では、明確な答えはなかったが、大規模サイバー攻撃については2019年に、宇宙空間での攻撃に対しては2023年に、日米安保条約の適用が拡大されることになったと理解している。

2020年6月、米国は「国防宇宙戦略」を策定した。それによると、米国は、宇宙における総合的軍事優位を構築するために、強靭なアーキテクチャーの構築、インテリジェンスと指揮統制の改善、そして新しい技術や商業的イノベーションを活用できるような機動的な宇宙事業を開発するとしている。さらにこの戦略の中では、同盟国やパートナー国と宇宙活動や基準等の策定を共に進め、民間企業との宇宙協力を強化する方針にも言及している。

米国のこのような方針が示された中で、わが国としての国益を最大化するとともに、日米協力をより効果的なものにする必要がある。そのためには、わが国としての宇宙安全保障の方針を打ち出し、関係省庁、民間企業、アカデミアで共有し、協働する必要があると考えた。２０２１年の12月頃だったと思うが、こうした問題意識を私から政府職員に対して投げかけたところ、反応は様々だった。

紆余曲折はあったが、宇宙の安全保障構想を防衛省の協力の下、内閣府の宇宙政策委員会の場で検討していくということになった。その後、２０２２年末に閣議決定された国家安全保障戦略で、当該構想を取りまとめることが盛り込まれ、翌２０２３年6月に「宇宙からの安全保障」「宇宙における安全保障」「宇宙産業の支援・育成」の３本柱からなる「宇宙安全保障構想」が策定された。もちろん、わが国としては初めて打ち出した構想である。

　このように、国家としての意思を国際社会に積極的に示していくことで、宇宙空間の日米連携がより強固なものになる。私自身、米国政府の宇宙関係者からこの構想を高く評価している旨のコメントを数多くいただいた。また、こうした構想を国が示すことで、民間企業にとっての予見可能性が高まり、投資も増えて、産業振興やわが国の経済成長につながっていくのだ。

デュアルユースとなりうる先端技術の研究まで委縮

　科学技術力は国力の源泉であり、科学技術・イノベーションは経済成長の原動力である。国としては、1995年に科学技術基本法を制定し、現在では科学技術・イノベーション基本法に改定され、国家戦略として科学技術力の向上に力を注いでいる。

　しかし、2023年の科学技術・学術政策研究所が発表した「科学技術指標202

3」によると、引用論文数（トップ10％論文）で日本は過去最低の13位、2023年版世界知的所有権機関（WIPO）のグローバル・イノベーション・インデックスによると日本の「イノベーション・パフォーマンス」は世界全体で13位、アジア圏内でもシンガポール、韓国、中国に次いで4位であった。

2012年の25位から徐々に上がってきてはいるが、2007年時点の4位には遠く及ばない。しかも新興国の中にはイノベーション力が経済発展力のレベルを上回る国もあり、わが国のアカデミアの国際的地位はますます低下していくのではないかと思われる。

とくに、デジタル化とディープサイエンス（人工知能やロボットなど最先端の技術をふまえた多層的科学）の分野でのイノベーション競争が進む中で、わが国のイノベーション力を上げていくことが喫緊の課題であるとの思いがあり、私が科学技術担当大臣のときにデュアルユース・マルチユース技術の研究開発の促進にとりわけ力を入れた。

今日の私たちの生活を支えるインターネットやGPSが、米国の軍事研究の成果からスピンオフ（派生）したものであることはよく知られている。またAI、量子、バイオといった先端技術を多くの国がしのぎを削って研究開発に取り組んでいる。それは今後私たちの社会をさらに豊かにする技術になるだけでなく、民生用途のみならず軍事目的にも応用しうる技術だからである。

もちろん、わが国も国家戦略を策定し、非軍事目的の研究開発に取り組んでいるが、大学等の研究機関においては、他国とは異なる制約がかかっているのも事実である。

その要因の一つは、前述の通り2017年に日本学術会議（以下、日学）が「1950年に『戦争を目的とする科学の研究は絶対にこれを行わない』旨の声明を、また1967年には同じ文言を含む『軍事目的のための科学研究を行わない声明』を発し（中略）大学等の研究機関における軍事的安全保障研究、すなわち、軍事的な手段による国家の安全保障にかかわる研究が、学問の自由及び学術の健全な発展と緊張関係にあることをここに確認し、上記2つの声明を継承する」との声明を発出したことである。

本声明にあるように、過去3回にわたり、軍事研究の禁止に関する声明を出した結果として、大学等の研究現場において、軍事目的となる研究だけでなく、デュアルユース技術となりうる先端技術の研究までもが委縮してしまったと言える。

アカデミアとしての役割を果たしてほしい

日学は日本の国立アカデミーであり、日本学術会議法によって、内閣府の特別な機関の一つとして位置づけられている。世界から見れば、「日本学術会議」は日本の科学技術の最高峰だとの認識があると思う。だからこそ2023年日本で行われたG7科学技術大臣会合でも日本学術会議が主導した。世界から見れば当然のことだったと思う。

しかし、前述した声明のために、日本全体の大学や研究機関といったアカデミアがデュアルユース技術になるであろう研究もできない。

研究者自身は、研究の成果が将来社会にどのように活かされるかを日々考えながら研究に励んでいることと思う。しかし、今日、各国が国策として獲得しようとしている先端技術は、たとえ民生用途目的で開発したとしても、容易に軍事目的に転用し得る性質を備えている。そうした可能性の有無について、民生用途を目的として開発した技術者等が明確に判断することは必ずしも容易なことではない。

だからといって、その可能性を過度に恐れてＡＩや量子などの研究を控えるとすれば、イノベーションも起こらず、国際社会におけるわが国の科学技術力はますます低下することは必至である。「この状態を何とかして変えなければならない」。自民党内でそうした思いを共有する同僚議員とも度々議論し、日学に考え方を変えてもらうことや、日学とは別に「第二日本学術会議」のような組織を新たに立ち上げることなど、様々なアプローチを考えていた。

私が、科学技術政策担当相に任命された時は、いわゆる「任命問題」と呼ばれるものによって、政府と日学との関係は冷え込んでいた。日学の会員選考プロセスにおいて、日学が推薦する候補の一部を政府が任命しなかったことをもって、日学は猛烈に反発し、政府と日学の間では、ほぼ対話ができない状況になっていた。

与党内においても、日学への反発がさらに強まり、「もはや国の機関として存置することは許されない。法人化（民営化）だ！」との声が高まり、日学の組織のあり方についての議論が始まっていた。

私が就任する前から、政府の科学技術政策の司令塔でもある総合科学技術・イノベーション会議（ＣＳＴＩ）の有識者会議において日学のあり方が検討されていたが、諸事情があってなかなか方向性はまとまらず、私が大臣就任後まもなく、その取りまとめが提出された。だが、有識者の方々の苦悩が滲んだ取りまとめで、日学を具体的にどのような組織形態にするかなど、明確な方向性を示すまでには至っていなかった。

そのような中で、先にも述べたが、私には、科学技術こそが日本の国力の源泉との意識が強かった。日学には日本のアカデミアとしての役割を果たしてほしいとの思いで、自民党「政策決定におけるアカデミアの役割に関する検討ＰＴ」の同僚議員と何度も話し合ったうえで、日学と向き合うことにした。

当時、梶田隆章会長をはじめとする日学の執行部と担当大臣が面会するということもままならない状況だったが、私はこうした閉塞状況を何とか突破したかった。日学が何を考え、何を求め、何を懸念しているのかということと、私の思いを面と向かって話すしかないと考えた。互いの立場もあるので、目立たない形で、お互い何度か行き来しながら、意見交換を重ねた。

私自身、日学に対しては、当然不満もあった。日学はニュートリノ振動の発見でノーベル物理学賞を受賞された梶田会長をはじめ、一流の研究者がそろっている組織であるにもかかわらず、新型コロナウイルス感染症が発生して以来、諸外国のアカデミアからは多くの論文が発出される一方で、この国家的、国際的な危機時において、日学からはほとんど発信がなかった。

その点について、日学からは納得のいく回答はなかったが、政府の日学に対する向き合い方にも反省すべき点があったと思う。政府として日学に対して、諮問を行うことがほとんどなかったということも、お互いの関係が疎遠になっている原因の一つになっているのではないかと感じた。

こうしたやりとりをする中で、梶田会長を含む日学幹部も少しずつ向き合ってくれるようになり、ある程度、本音で話し合うことができるようになった。

デュアルユース技術研究の容認のために

日学と私とで互いの理解を深める努力をする中で、日学から「研究インテグリティという考え方の重要性について」という会長メッセージが発せられたので、２０２２年7月22日に私から日学に下記の質問を提示した。

1、そもそもＡＩ技術、量子技術等の先端科学技術に取り組む際に留意すべきこととして何が考えられるか。

2、先端科学技術が用途の多様性・両義性を有することを前提として、従来いわゆる研究のデュアルユース問題と呼ばれてきたものも含めてそうした先端科学技術・新興技術の研究開発にアカデミアがどのような姿勢で臨む必要があるのか。

大臣という立場で政策決定の基準となるのは国益である。私は、デュアルユース技術の研究開発への制約を取り払い、わが国の科学技術力を向上させることが国益と考えた。そのためには、こちらの言いたいことだけを言っていても、物事は動かないことはすでに理解していたので、日学が主張する国の機関として存置することについて、将来的な法人化の選択肢を確保しつつ、受け入れることで難局の打開を図ることを決心した。

先述の通り、自民党の中は日学に対して厳しい見方をする議員が大半だったため、「当面、国の機関として存置を認める代わりに、必ず、デュアルユース技術の研究開発を容認するよう、日学の見解を変えてもらいます」と、ベテランの先輩議員たちを含め、一人ひとり、私自身が議員会館の部屋を訪れ、理解を求めた。結果として、渋々ながらも、多くの同僚議員がその方針を承認してくれたことに今でも感謝している。

「朝まで議論しても構いません」

日学に見解を変えてもらうプロセスは容易なものではなかった。

ある日、私から梶田会長に対して申し上げた。

「大臣と会長という、お互いに置かれている立場があります。したがって、すべての見解が一致するわけではありません。しかし、確実に私たちが共有できることは、国力の源泉たるわが国の科学技術力を向上させることです。私は政治家として世界をリードする日本を創りたい。同じ舟に乗ったつもりで、意見をぶつけ合っていきませんか」

これ以降、梶田会長や他の幹部の皆様と交わす議論に、深みが出てきた。激論になることもあったが、わが国の科学技術力に寄与する、という視点はぶれることはなかった。

そうしたやりとりを繰り返す中で何度目だったかは覚えていないが、日学の幹部の皆様と話す時間をいただき、私からデュアルユース技術に関する見解について、日学の幹部に対し、率直に問いかけた。

「わが国の科学技術の地位がこれ以上低下すれば、本当に二流国になります。それを回避するためには、冷え込んだデュアルユース技術の研究開発を後押しする必要があります。日学に前向きなメッセージを出してもらいたい」

梶田会長はじめ、日学幹部の発言の記載は控えるが、意見を互いにぶつけ合っても、日学の慎重な姿勢は崩れない。彼らの立場もあったと思う。3時間以上議論し、時計の針は夜9時を回っていたと思う。ここで物別れになってしまえば、結局、研究現場の状況は変わらない。そう思った私は、こう伝えた。

「皆様さえよろしければ、私は朝まで議論しても構いません。わが国の科学技術力の向上には時間がかかります。一人でも多くの子どもたちが科学技術に関心を持ち、将来研究者の道を志すためには、（国際社会とかけ離れた）日本の研究現場の現状を変える必要があります」

日学幹部の方々に反応が見られた。

「持ち帰って検討してみます」

それから数日後、日学は、私からの質問に答える形で、２０２２年7月25日に「先端科学技術と『研究インテグリティ』の関係について」と題した回答書に、「従来のようにデュアルユースとそうでないものとに単純に二分することはもはや困難で、研究対象となる科学技術をその潜在的な転用可能性をもって峻別し、その扱いを一律に判断することは現実的ではない」とデュアルユース研究を容認する見解を公表した。

記者会見で「日学は考え方を変えたのか？」との質問に対し、日学幹部は「考え方を深化させた」との回答。上手な表現だなと感心したが、いずれにしても、日本の科学技術研究にとっては、非常に大きな前進だった。今、この考え方に基づき、漸進的ではあるが、大学の研究現場の状況が着実によい方向へと向かいつつある。防衛省が募集する「安全保障技術研究制度」の応募数の中で、大学からの応募が2022年度11件であったのが、2023年度は23件と倍増したのも、この日学のデュアルユース技術研究の容認という見解が影響しているものと思っている。

その直後に、予想よりも早いタイミングで内閣改造が実施され、国の機関として存置するという政府の声明を私自身が発表できなかったことは心残りであったし、その後、政府と日学を取り巻く環境が変わってしまったこともあり、現在は、将来的な法人化に向けて、議論が進んでいる。

最近、その日学幹部の一人と一献傾ける機会があった。当時を振り返りつつも、今はそれぞれの立場を離れ、日本の科学技術政策のあり方について自由に、かつ前向きな意見交換をすることができた。当時は手ごわい交渉相手だったが、今は「盟友」的な関係にも思える。人と人との縁はつくづく不思議なものだと思う。

「経済安全保障」はわが国が世界をリードしてきた分野

以上、「経済安全保障」は食料やエネルギーの安定供給を確保し、情報通信、水道、交通・運輸といったインフラをサイバー攻撃から守るなど、国民の生活に関わってくる分野が多岐にわたる。本章では、その一部について私が何を考えてどのように政策を進めたのか、今後どのような方向で何をしなければならないか、について述べた。

「経済安全保障」はわが国が世界をリードしてきた分野である。他国に先駆けて担当閣僚のポストを設け、「経済安全保障」を切り口とした法整備を行った。また、議長国を務めたＧ７広島サミットでは初めて経済安全保障に関する声明を発出した。経済安全保障は国家安全保障であるからこそ、各国がそれぞれの国益を最大化すべくしのぎを削っている。

本書で記載していない分野も多々あるが、それらも含めて、わが国の国益を背負って、世界のリーダーたちと対峙できるよう、日々研鑽《けんさん》を積んでいこうと思う。

第3章

世界を主導するルールをつくる

――日本が他国を牽引する外交へ

「世界をリードする国」にする

先の大戦から80年という節目が近づいている。しかし、世界を見渡せば、長引くウクライナ戦争、暴力の連鎖が懸念される中東情勢、アメリカ社会の分断、欧州の政治不安定化など、激動の国際情勢は混沌を深めている。

「令和」の時代を迎えた日本は、希望に満ち溢れた、新しい時代の到来に期待したものの、日本を取り巻く環境はますます厳しさを増している。まさに「歴史の分岐点に立っている」とも言われる時代になった。これから数年間の私たちの歩みが、数十年後の日本と世界の進路をも大きく左右することになると考える。

民主主義と資本主義が制度疲労に直面する一方、世界では権威主義の高まりも見られる。過渡期を迎えた国際社会であるからこそ、日本の取るべき進路は、真に自律し、毅然とした国家運営をするとともに、国際社会から必要とされる国になっていくことにほかならない。

日本を「世界をリードする国」にすること。この思い一つでこれまで政治家としての歩みを続けてきた。これからの日本の舵取りは、今後も当事者であり続ける私たちの世代こそが主体的に担っていかねばならない。

他国から「必要とされる国」であり続けられるか

まず「信頼される」という点では、国家間で締結した約束や決められたルールを遵守することである。私たち日本人にとっては当然のことではあるが、国際社会においては、こうした日本の一貫した姿勢は各国から一定の評価を得ている。国、自治体、企業、アカデミア、ＮＰＯなど、様々な主体によって重層的に展開された外交活動による成果とも言えるであろう。この信頼こそが、わが国の外交上のアセット（資産）になっている。

しかし、今日の外交は「信頼」だけでは成り立たない。経済力と防衛力も外交の地歩を固めるものであり、そのうえで双方の経済的利益や文化的交流など様々な要素が絡み合って外交は成り立っている。とくに近年、強大な経済力をもって外交を進める国があるなかで、日本が他国から「必要とされる国」であるのか、あり続けられるのかがわが国の外交上、大きな課題であると思う。

その意味で、わが国は岐路に立たされていると考える。経済力は国力の根幹。その指標である経済規模、GDP（国内総生産）については、2010年に中国に抜かれた。Japan as No.1と言われた時代に育った団塊ジュニア世代の私からすると、かなりショッキングで、それまでの価値観を揺さぶられる出来事だった。

その中国の経済規模は今や日本の4倍以上となり、背中も見えない状況だが、それでもこの十数年間、世界第3位の経済「大国」という地位を守ってきた。しかし、2024年、ドイツに抜かれて4位となり、25年にはインドに抜かれることが確実と言われている。26年には、（国ではないものの）ASEAN（東南アジア諸国連合）全体のGDPが日本を抜くとも言われている。

これまでは日米同盟の下、世界第1位と第3位の経済大国が連携すれば、東アジアの秩序はもとより、国際秩序の維持・発展に対して相応の役割を果たすことができる、との見方もあっただろう。世界第3位というのは、一つの心の拠《よ》り所《どころ》であった。他国から見ても、一定の存在感があっただろう。

『日本経済新聞』の2024年の新年特集「日本診断 明日は日本が№1 秘めた強み力に」3シリーズの1番目「日本はだめな国？ 長引く不調・底力は」の中で、次のように書いている。

〈昭和の時代、日本は世界第2位の経済大国だった。「24時間戦えますか」と健康ドリンクのCMが問うた。寝る間を惜しんで働いて、背伸びしていた。

今は名目GDP（国内総生産）で米国と中国を大きく見上げる。ドイツにも抜かれ、4位に転落しそうだ。国民1人当たりのGDPは、2022年に3・4万ドルと世界32位で、主要7カ国（G7）で最下位に沈む〉

日本は過去に欧州や東南アジア、中国からも「憧れの国」の一つと見られてきた。こうした面が、わが国と他国との外交関係の構築で、プラスに寄与する面は大いにあっただろう。しかし今後、少なくとも短期的には、世界第4位、そして5位へと経済規模が相対的に低下していくとすれば、諸外国との関係を構築していくうえで、これまで以上に努力が求められるのは必至だ。

グローバルサウス諸国との連携強化

経済安全保障の最大の目的は何よりも経済成長だ。それを支える4つの柱の中に自律性の確保と不可欠性の獲得がある、ということは第2章で書いたとおりである。自律性の確保としては主としてサプライチェーンの強靭化があるのだが、たとえば重要鉱物の場合、特定国への依存度を下げるため、輸入先の多角化が必要である。

そこで対象となるのが、インド、ASEAN、アフリカ、南アメリカ、太平洋島嶼国などのグローバルサウスと称される国々である。

わが国は長年、それぞれの国に対してきめ細かい外交を展開してきたため、日本に対して強い信頼を寄せる国もある。わが国の外交資産であるこの信頼関係を基にしつつも、今後将来にわたりわが国とグローバルサウス諸国（以下、ＧＳ）が「信頼」と「共通の利益」で結ばれ、わが国が、経済社会の繁栄を「共創」するパートナーとしてＧＳに「選ばれること」が重要である。

そのためには、ＧＳ諸国が有する食料・重要鉱物などと、日本が有する高度な産業技術や国内外の産業集積といった強みで互いを補完することで、互いの弱みを克服し、経済的発展につなげるＷｉｎ－Ｗｉｎの関係を構築することが必要である。

近年、人口増加、経済力の向上、そして、豊富な天然資源を保有していることなどを背景に、ＧＳの国際社会における発言力が増している。わが国の国益を確保するためにも、また、地域や国際社会の秩序を維持するうえでも、ＧＳとの関係強化が重要である。

２０７５年の日本の位置づけ

自民党において、２０２３年秋に「日・グローバルサウス連携本部」が設置され、現在、私が本部長を務めている。2024年6月に取りまとめた提言のサブタイトルは「パートナーとして選ばれる国へ」とした。

世界のGDPに占める日本のGDPの割合は、1995年には17・6%に達したが、現在は約4%と、1980年以降で見ると過去最低となっている。

ゴールドマン・サックス社の「グローバル・ペーパー 2075年への道筋」による世界GDPランキングによると、2022年のトップ15の中にGSはインド、ブラジル、メキシコの3カ国のみであったのが、2050年には7カ国、2075年には8カ国になると予想されている。これは、2075年のGS全体の人口が世界の人口全体の7割を超えるほど人口増加が著しいことが、一つの要因であると考える。

一方で、日本の場合、2022年に3位であったGDPランキングは2075年に12位まで低下するとの予想である。こうした状況のなかで、新興国・途上国から見た日本の位置づけも当然、変化することが想定される。そのため、わが国としてGSとの関係を戦略的に構築していく必要があるのだ。

そもそも「GS」と一言で表現しているが、国によって文化・歴史的背景、政治・経済の状況、価値観など、置かれている状況は様々である。また当然、各国は自国の国益を追求して行動するわけだが、比較的多くのＧＳに共通する傾向として、①歴史的な経緯、新型コロナウイルス蔓延時の対応、イデオロギーの「押しつけ」などにより、欧米先進国に対する不信・不満を抱えている、②一部の国による持続可能性を軽視した支援について「債務の罠」に関する懸念が広がってきている、③ＧＳ諸国内での連帯を重視する、といった点にも留意が必要である。

したがって、一律的なアプローチではなく、それぞれの国に応じたテーラーメイドなアプローチと互いの国益に適う関係づくりが必要だ。わが国の外交・政策上のリソースには自ずと限りがあることに鑑みれば、複眼的な視点、つまり①わが国の国益、②相手国の状況（国家戦略、課題およびニーズ、政治状況、資源や技術力などの経済的能力、地政学的重要性、市場規模・成長性、わが国との文化・歴史的つながり、他国との関係）、③同志国との役割分担などを精査し、とくに重視すべき国や地域を政府内部で共有し、戦略的に対応することが求められる。

日本の地域別GS戦略

諸外国のGSに対する戦略を見てみると、米国は「米国・アフリカのパートナーシップのためのビジョン声明」(2022年)において、3年間で550億ドルの投資、技術イノベーション分野や強靭な食料システムとサプライチェーンの構築などを盛り込んでいる。

EUはアフリカ連合と「2023年に向けた共同ビジョン」(2022年)において、エネルギー、デジタル、輸送等のインフラ整備のための投資パッケージを表明したほか、ドイツ、イタリアも同様の戦略を策定している。

インドは、「グローバルサウスの声サミット」(2022年)でGSの盟主として、これまでの先進国のやり方に不満を示し、中国も一帯一路政策を通じてGS諸国に浸透を図っており、現実的対外経済協力へ方針の見直しをしている。

では、日本はGS諸国にいかに対応すべきだろうか。地域別に見てみたい。

ＡＳＥＡＮは連携を強化すべき地域だ。政治、産業・金融協力を含む経済・経済安全保障、海洋安全保障、食料安全保障、科学技術等、多分野にわたる連携強化を図る必要がある。とくにフィリピンをはじめ、ニッケル、レアアースなどの重要鉱物や天然ガスなどのエネルギーの供給源としてもわが国にとって重要な地域であることから、各国の状況に応じたきめ細かい支援や協力を進める必要がある。

中央アジアは、石油、天然ガス、ウランや鉱物資源など、豊富な天然資源を有する地域であるだけでなく、新たな物流ルートとしても注目されている。港湾等のインフラ整備などの連携を強化する必要がある。

太平洋島嶼国については、地政学上わが国にとって非常に重要な地域であり、経済安全保障上もインフラ整備や海底ケーブルの敷設などの協力が非常に重要である。

アフリカについては、２０５４年には人口が現在（２０２４年）の約12億人から約22億人に爆発的に増えると予測されている。経済的なポテンシャルの高さや豊富な重要鉱物を含む資源からわが国にとって経済安全保障上重要な地域であり、日本の資金、技術、人材、知見、製品と、アフリカの需要と活力をつなぐ取り組みが不可欠だ。

このようにGSの一部について、それらの国の成長力の潜在性と課題、ニーズを把握し、互いに国益を享受できる関係づくりができるかが肝になってくる。

わが国のサプライチェーン強化に資する日本企業への助成

もちろん、わが国にとっては、すべての国との関係が重要であることは論を俟《ま》たないが、国益確保の観点からとくに重要な国や地域との関係構築については、政府内部、たとえば国家安全保障会議（NSC）などの場で検討・共有し、関係構築に向けたストーリー（時間軸を伴うもの）を共有して、効率的に対応していく必要がある。

相手国の具体的ニーズに応えられるツールは最大限駆使し、双方の国益増進に資するものであれば、制度上必要なものについては急いで構築すればいい。

たとえば、経済安全保障のサプライチェーン強靭化の観点でいうと、国内の拠点整備などに対しては経済安全保障推進法で国からの助成が可能となっている。一方で、日本企業による海外の拠点づくりに対しては、わが国のサプライチェーン強化に貢献してくれるケースでも対象となっていない。

今後、国としては、海底ケーブル敷設における国際協力や次世代エネルギーとして期待が高まる水素のサプライチェーン強化を含め、経済安全保障上の要請により、日本企業に特定の海外事業に挑戦してもらいたい。リスクが高く事業性が成立しない場合などは、政府系金融機関から真水（政府による直接的な財政支出）の助成を行うことを可能とするなど、新たな支援の仕組みも積極的に導入したほうがいいと考える。

また、他国における日本の必要性を高めていくうえでは、自民党の議員外交の戦略的実施や総理や外務大臣などがより積極的にトップ外交を展開できるように国会改革も前に進めていかなければならない。

「ルールづくり」に力を入れなければならない

「技術で勝って、ビジネスで負ける」

わが国の企業に対する揶揄《やゆ》としてたびたび耳にする言葉だ。

第2章でフュージョンエネルギーの重要性について触れたが、まさに「技術で勝ってビジネスで負ける」ことにならないようにしないといけない分野である。欧州、米国、中国、ロシア、韓国、インドとの国際連携の下で進められている核融合実験炉を実現するITER計画において、その技術とサプライチェーンの肝に当たるところは日本が握っている。2023年4月にわが国として「フュージョンエネルギー・イノベーション戦略」を策定したが、発電の実証時期については「2050年頃」としていた。

一方で、英国や米国はフュージョンエネルギーの産業化を目標とした国家戦略を策定し、民間投資を喚起してスタートアップ等による研究開発を加速させ、技術の囲い込みやサプライチェーンの強化を図っている。中国も国家主導で多大な資源を投入する形で、2030年代の発電実証を目指している。とくに中国については、ITERで得られた技術を応用して事業化まで目指している。このままでは各国に遅れをとると私は危機感を抱いた。

このような状況を転換すべく、自民党のフュージョンエネルギーPTは、2030年代の発電実証を目指すように方針転換を図るよう提言した。これに対し、政府は202

4年7月に公表した「新しい資本主義のグランドデザイン及び実行計画　2024年改訂版」で、その求めに応えてくれた。「フュージョンエネルギーの早期実現と産業化を目指し、（中略）2030年代の発電実証を目指すとともに、産業化までをも見据え、現行戦略を早期に改定する」と方針を見直してくれたのだった。

日本の技術で世界標準を取りに行く

国策として研究から産業化までを推進する政策を紹介してきたが、さらに「技術で勝って、ビジネスでも勝つ」ために必要なことがある。それが「ルールづくり」だ。

熾烈な国際競争では、自国の商品やサービスを世界標準のものとして海外に売り込む標準化戦略の重要性がいっそう高まっている。わが国では稼ぐ力の源泉となるルール形成・国際標準化について十分に取り組んでいる企業は、必ずしも多いとはいえない。国レベルでも産業政策の手段として取り組む意識が総じて希薄で、施策も体制も脆弱で、わが国の産業の国際競争力の強化のみならず、経済安全保障の観点からも憂慮すべき状況だ。

標準化は企業だけでなく、国の重要な産業政策である。経済安全保障への配慮が必要な分野にあっては、よりきめ細かな戦略の策定・遂行が求められる。企業と政府がともにルール形成・国際標準化を戦略的に活用することこそ、わが国が国際市場で勝負するための必須条件である。

私が会長を務める自民党の知的財産戦略調査会でも国際標準戦略小委員会を設置し、大塚拓代議士を中心に、2年にわたり議論を続けてきた。講師としてお招きしたIDEC株式会社の藤田俊弘・上席執行役員（技術戦略担当CSO、当時）がゴルフにたとえて指摘された言葉がとくに印象深かった。

「日本人はゴルフのスコアを上げるべく徹底的に練習し、技を磨く。一方、ヨーロッパの人は、そもそも自分の技術や癖に合うようなコースをつくる。ちなみに、バンカーは知的財産のようなもの（相手が陥りやすい場所に穴を掘る）」

まさに標準化戦略に立ち遅れたわが国の現状と本質を突いていると思う。

稼ぎの源はルールにある

「ブリュッセル効果」という言葉がある。多くの国の集合体でもある欧州は、自ら定めたルールを域外にも適用させることに長《た》けており、規範（ルール）の形成力が強い。欧州連合（ＥＵ）の本部がベルギーの首都ブリュッセルにあることから、こう呼ばれるようになった。欧州だけでなく、中国も近年、国際機関の主要ポストを獲得することで自国の国益を増大させるべく、国際標準の形成に力を入れている。

アメリカは、もともと政府ではなく、市場間の民間企業の競争で形成されるデファクトスタンダード（事実上の基準の意）が主流で、いわゆるＧＡＦＡＭに代表される民間企業が世界に自社のサービスを展開してプラットフォームを形成する傾向がある。しかし、このアメリカですら、欧州や中国と同様に国際標準に関する戦略を策定している。

日本人の美徳でもある勤勉さをもって、懸命に働き汗を流しても、ルール形成に関与しなければ、グローバルな競争のなかで勝ち抜いていくことはできない。

国際ルールの例としてよく挙げられるのが、スキーのジャンプ競技のルール変更の話である。欧米選手と比べれば、比較的身長の低い日本勢の長野五輪（１９９８年）での活躍が顕著になった後、スキー板の長さを身長との比率で制限するようルールが変更された。それが欧米勢に有利になるような恣意的なルール変更だったではないかとの話だ。わが国も、ただルールを提示されて守るしかないと思う発想からむしろルールを設定する側に回る努力や戦略が必要だと思っている。

この標準化という分野は、ある意味「ギルド」のような世界で、その分野、その組織に長らく居続けている人が力を持つと言われている。ＥＵでは、国際標準を主導するための戦略を策定し、米国はＡＩなどで標準化を狙っている。中国でも自国に有利なルールをつくるべく、国際機関に職員を送り込んでいる。わが国も、国際機関のトップに邦人職員を送り出しているが、２０２４年8月現在で、万国郵便連合（ＵＰＵ）の目時《めとき》政彦局長と国際電気通信連合（ＩＴＵ）の電気通信標準化局の尾上誠蔵局長の２人だけだ。

先にも述べたように、これまで日本は「ルールはつくるもの」という意識が薄かったため、今後は国際機関での人的ネットワーク等を構築し、他国との交渉にも長《た》けた人材を育成する必要がある。こうした分野は即効性がないため、国の予算もつきにくいが、国際標準戦略小委員会の委員長である大塚拓代議士が財務省と向き合い、相応の予算を獲得したので、これから個別・具体的な動きを進めていくことになる。それと同時に、政府内部に国際標準化の専門組織を設置し、国際対応を統括する「国際標準戦略監」（仮称）を設け、司令塔機能を強化することが大切だと考えている。

国際標準を獲得していくためには、人材、企業の国際標準に対する認識、つまり「標準を獲得することは、市場を獲得すること」という認識をもつこと、そして、商品の研究開発の段階から標準化を念頭に置いて戦略的に考えることが重要だろう。

これまでも国際標準化の重要性は頻繁に指摘されながらも、行動が伴っていなかった。まずは具体的な成功事例を生み出せれば、関係者の意識が変わってくるはずだ。

「宇宙資源法」の第1号事案

「辞令 貴殿を月事業所の所長に命ずる」

こんな辞令が出る日が来る、と私は確信している。民間人が自由に月に行って事業所やホテル、そしてプラントを建設し、日本人がそこで生活する。建物間をローバーで移動する、月面産の野菜を使った食事をする、月面から空を見ると無数の星とたくさんの衛星が見え、日本との交信もストレスフリー。月工場で製造した加工品で商売もする。そして、「次の休みは火星に旅行しようか」と水素ステーションでロケットの燃料タンクを満たす。そんな空想の世界と思われたことが現実になる可能性に、私は本気で期待している。

その理由は、わが国の企業や団体をはじめとする多くの関係者が、わが国の宇宙産業を前へ進める強い意欲をもって取り組まれているのを知っているからだ。

その一つ、日本のスタートアップ ispace 社。現在、月面着陸・探査に向けて挑戦を続けている。2023年4月に世界中が注目するなかで、月面着陸にギリギリのところで成功はできなかったが、もしも着陸に成功し、月の砂（レゴリス）を採取してNASAに引き渡していれば、世界初の宇宙資源の商業取引となる予定だった。

その根拠となる法律が2021年に成立した日本の「宇宙資源法」。ispace社のプロジェクトは、その第1号事案だった。

じつは、この法律を議員立法としてつくったのは、同僚の大野敬太郎代議士と私である。ispace社の挑戦をこれからも応援したいと思うと同時に、この法律をつくった意義の大きさを感じる瞬間でもあった。

そもそもこの宇宙資源法という法律の目的は、「民間事業者が宇宙空間で探査・開発・取得した資源に所有権を認めるもの」というシンプルな内容である。類似の国内法としては、米国、ルクセンブルク、アラブ首長国連邦（UAE）に次いで世界で4番目である。

2019年の年末に、①宇宙資源の「開発・利用」に関し、所有権を認める法整備、②宇宙状況監視（SSA）や宇宙交通管理（STM）といった分野の制度設計・体制構築、③サブオービタル飛行に関する法整備、④国際宇宙探査への参画に必要な法整備の4項目について検討する「宇宙法制・条約に関するWT」を立ち上げた。当時、自民党の宇宙・海洋開発特別委員会の委員長であった河村建夫代議士に直訴して、立ち上げたワーキングチームだ。

（注）この法律でいう「宇宙資源」とは、月や火星などの天体に存在する資源、宇宙空間のガス等も対象。主な資源を挙げると、水と鉱物。水は水素エネルギーの原料、鉱物は月面の砂「レゴリス」。レゴリスはイルメナイト等の鉱物から成っており、アルミニウムなどの元素や二酸化ケイ素2（SiC）、鉄チタンなどの化合物も含んでいる。レゴリスは、建築資材として期待されている。

競争力向上と新たな市場をつくる

「宇宙資源法」をつくろうと思った理由は3つある。
一つには、日本の宇宙産業の競争力向上と新たな市場をつくるためである。
というと、後付けした理由に思われそうだが、実際に2019年2月27日の衆議院予算委員会第三分科会（外務省）で、私は当時の河野外務大臣に以下のように質問している。

〈最後に、宇宙ビジネス分野の法整備について質問をさせていただきたいと思います。今、いろいろな宇宙ベンチャーとか出てきて、イノベーションの話でも宇宙が出てきていますけれども、今後、新たな宇宙ビジネスを日本から生み出していくためには、私はさまざまなやり方があるんだろうと思います。高田局長もよくおっしゃるように、高い技術を持っている日本のベンチャーが実績を積み重ねて、デファクトのスタンダードをつくっていく。そうすれば、日本の発言力も、ルールメーキングに関する発言力も上がってくる。そういうなかで、日本が主導してルール形成を進めていくということは、私はすごくしっくりくるんです。

ただ、それだけでもないのかなというふうに思っておりまして、例えば、資源探査の分野でのルクセンブルク、これ、ルクセンブルクに別にたくさんの人がいるわけでもないし、企業がたくさんあるわけでもないし、特段そこに特有のすぐれた技術があるわけでもない。でも、ルクセンブルクが今やっていることは、アメリカに続いて、資源探査の法整備、国内法をとりあえず整備する。その国家の意思をしっかりと示すことによって、それを感じたいろいろな国のすばらしい企業が、今、ルクセンブルクに支社を置くとか、そういう形で行っています。なので、こういうやり方で企業をどんどん呼び込んでいくやり方というのも、私はありなのかなというふうに思っております。

そこで、資源探査、輸送あるいはデブリ除去等々さまざまな分野において、日本としてどう勝負していくのか。その戦略というのはしっかり伴っていなければいけないと思いますけれども、その戦略があることを前提として、宇宙ビジネスの振興のための今後の我が国における国内法の整備について、政府の方針、スタンスをお聞かせいただければと思います〉

それに対する政府の答弁はこうだった。

〈積極的に産業を振興していくようなタイミングで、国会などで御審議いただくには、立法事実とか、その産業の熟成度も勘案しながら、貴重な国会審議のお時間をいただくことになりますので、そういうのをよく考えながら、適切なタイミングでの法制度を考えていきたい、そのように思います〉

要するに、立法事実がない段階では考えない、という答弁だった。

それから私は、宇宙に関する法制度、宇宙開発の経緯などを自分なりにのめり込むように調べた。その中で、宇宙の資源、ここではとりわけ月面の資源を想定しているわけだが、この開発を進めることは、資源そのものの価値も高いが、それ以上に月面資源を獲得するための技術開発がそのまま宇宙産業の推進につながる、と確信した。

前章でも述べたが、ロケット打ち上げまでは日本も世界のトップを走っていたが、その後の経緯もあって、宇宙開発については今では中国にも抜かれている。これを挽回するチャンスが「宇宙資源法」の制定だと思ったのだ。

地球周回軌道の宇宙開発は、いわゆるレッドオーシャンの領域だ。すでに各国がしのぎを削り、競争が激化している。しかし月周回軌道や月面の開発については、日本はまだ優位に立てるブルーオーシャンの可能性がある。

ただ、そう信じていたのは私だけではない。政府・産業界・研究機関が共同設立する「月面産業ビジョン協議会」の立ち上げに向けてわが国の多様なセクターの民間企業が精力的に活動していた。私自身、その思いに共感し、自民党の宇宙政策の責任者の一人として、党の提言や、政府の宇宙基本計画においても、月面産業の重要性を強調してきた。

今後、拡大する宇宙産業全体の鍵となる可能性が高い宇宙資源の事業を進めていく環境整備、とりわけ法整備をすることがわが国の国力を高めることにつながると考えた。

ゼロから1を生み出す立法

宇宙資源法を作るに至った、もう一つの理由は、日本を挑戦者に開かれたイノベーション大国にするためである。

宇宙資源をビジネスにつなげたいと立ち上げた日本のスタートアップが、日本に法律がないため、すでに法律のあるルクセンブルクに拠点を置いたと聞いていた。先ほどのispace社である。自国の挑戦者を応援できない国でいいのかと問題意識を抱いた。

しかし、先ほどの国会答弁でもあったように「立法事実」という、わが国の立法プロセスに固有の慣習が障害として立ちはだかった。わが国で成立する法律の約90％は、政府が提出する法案であり、その場合、内閣法制局の審査を通過する必要があるのだが、そのときに、常に問われるのが「立法事実」があるのか、という問題だ。

宇宙資源法の例でいえば、月や火星に現実に行って資源を取得しようと計画する企業が法案作成段階で相当数いて、何らかの課題を抱えているといったことがないかぎり、立法する必要性はないという考え方である。関係省庁も立法事実の壁の前ではなすすべもなく、「立法は無理」という返答だった。そのため、議員立法しか選択肢がなくなり、私と大野さんで他国の法令も調べつつ、自力で法案のたたき台を書き上げたのだ。

当然ながら当時、現実に月に行こうとしている企業は1社のみ。ましてや月に行った実績のある企業などはなかった。

しかし私たちは、こうした企業が現れるのを待ってから立法するのではなく、逆に

「月をはじめとする宇宙空間で取得した資源には所有権を認めます」とルールをつくり、国内外の企業の予見可能性を高め、挑戦を促すことこそ重要だと考えた。つまり、内閣法制局と逆の発想である。法整備をすることで、逆に事例を積み上げていくのだ。これからは、こうした立法がますます必要になってくると思う。ゼロから1を生み出す、すなわちイノベーションを喚起し、結果として国力の向上に寄与する立法である。

プロアクティブな国内法の整備を積み重ねていく

そして、最後の理由としては、前段でもルールづくりの重要性については触れたように国際ルールの形成で、わが国が主導的な役割を果たすためにも宇宙資源法の法制化が必要ということだった。

宇宙資源に関する国際ルールが必ずしも確立していないなかで、先行者による無秩序な開発、それに伴う国際秩序の不安定化を招くようなことがあってはならない。

これまでわが国は、宇宙に限ったことではないが、他国のつくったルールを誠実に守る国であり続けている。しかし、そこで留まるのではなく、より主体的にルールづくりに加わることで、国益を確保すべきだ。とくに当時、宇宙資源をめぐるルールづくりについては、国連の宇宙空間平和利用委員会（ＣＯＰＵＯＳ）などの場で議論はされていたが、各国の立場の違いもあり、なかなか合意形成が進まない。

こうした状況において、まずは国内法を整備することで、国際場裏における発言力が確実に増していく。しかも、他国の立法とは異なり、後発国に対する配慮や透明性を担保する規定を盛り込んだので、これから国内法を整備しようとする国の模範例になるよう意識した。

今後、他国がわが国と類似の国内法を整備していくことで、国際ルール形成の加速を期待しているし、こうしたプロアクティブ（先行・主体的）な国内法の整備を積み重ねていくことで「日本はルールを守るだけでなく、つくることを意識してきたな」と国際社会に認知されるようになると信じている。

第4章

真に「自律」する国へ

――自分の国は自分で守る

総合的な長期的国家戦略をつくる

「真に自律する国」。それは、自らの意志と能力で政策や方向性を決めることができる国のことである。そのためには、国家運営において基軸を持つ国でなければならない。ただし、自らの力のみでできることには自ずと限界がある。わが国の独力だけでは足りないところについては、日米同盟や同志国との連携により対処する。

私は、目的の達成のためには常に「戦略」が必要だと常々訴えている。戦略とは、一般的には特定の目的を達成するために、長期的・大局的視野に基づいて組織行動を立案・遂行するための策略のことだと言われている。

現在わが国には、２０２２年に改定された国家安全保障戦略をはじめ成長戦略、統合イノベーション戦略など特定の目的を達成するための戦略が多数存在するが、私は、これらの目的別戦略の上位に位置する総合的で長期的な国家戦略を策定し、その戦略を裏付ける政策を実行していくことが大切だと考えている。そのためには、安定した政治的基盤の構築が必要なことは言うまでもない。

「透明性の曇った国家体制」からの脱却

故・中曽根康弘元首相の著書の一文を引用したい。

〈政治の力の源泉（パワーセンター）や透明性や緊張感を伴った政治制度、科学技術と社会と国家の関係と発展、立法、司法、行政の三権の緊張と調整など、国家内の構造戦略、国家外の対外戦略等は、新憲法制定時の具体的な制定意志や構成された権力関係によって具体化されてゆくのです。現在のような緊張感のない、透明性の曇った、力の源泉と責任が明確でない国家体制から、適正な国家戦略が生まれるはずがないのです〉

（『二十一世紀 日本の国家戦略』ＰＨＰ研究所）

今の日本、自由民主党がまさに「透明性の曇った、力の源泉と責任が明確でない国家体制」に陥っているのではないか、と危惧するのだ。

そんな危うい国家体制から脱却することが、新たな国家戦略を描き、真に自律した国へ導くために求められている。その上で戦後約80年、1語も変えられることのなかったわが国の憲法の中で、時代に合わなくなったものを変えていく必要があり、激動する国際社会の中で日本が自律するための憲法をつくっていく必要がある。

憲法改正――国のために憲法がある

憲法は主権者である国民との関係で国家権力を縛るものである。しかし同時に、わが国の最高法規である憲法は、「国の骨格を示すもの」であると私は考えている。携帯電話もインターネットもない時代に制定された憲法が、1946年の制定、そして翌1947年の施行以来、一度も改正されないまま、80年近くが経過しようとしている。制定当時とは、日本の経済力も国際情勢も大きく変わる中で、国のあり方も当然変わる。

しかも現行憲法は、主権を失った占領下において、GHQ（連合国軍最高司令官総司令部）の民生局がわずか9日間で書き上げたもの。たとえば憲法前文は、米国の考え方は滲み出ているものの、わが国の国柄が反映されたものにはなっていない。

日本は法治国家である。最高法規である憲法の下に、かつ、それと整合的に法律、条約、条例などが位置づけられる。最高法規は頻繁に変えるべきものではない（硬性憲法）と考えるが、時代の要請に応えきれない憲法をこれ以上放置することは、今を生きる私たちの命や暮らしを守り切れないばかりか、この国をつくってきた先人や、この国に生まれてくる将来世代に対しても不作為という名の政治的責任を問われることになると考える。

憲法のために国があるのではなく、国のために憲法がある。その当たり前のことに対し、与野党問わず、政治家が真摯に向き合い、国民に憲法改正を判断いただく機会を提供すべきである。

経済安全保障担当大臣として入閣した約1年を除き、この6年間、衆議院憲法審査会の幹事を務めてきた。最初の3年間は審査会を開催すること自体が難しい状況であった。私からは「言論の府において、議論する気が見られない政党に配慮することは、国民に対する責任を放棄するに等しい」ということを常に発言してきた。この2、3年、憲法審査会で他党と議論ができる環境になってきたのはよいこと（当たり前のこと）ではあるが、自民党としても肚《はら》を括って、より強力に、そして戦略的に憲法改正を進める必要がある。

立憲主義にかなう緊急事態条項

現在、衆議院の憲法審査会では、自民党、公明党、日本維新の会、国民民主党、有志の会の5会派が「選挙困難事態における国会機能の維持」という点について、おおむね見解の一致を見ている。

これは、仮に大規模な自然災害などが生じて、選挙が広範囲かつ長期にわたって実施不可能な状況になった場合、憲法54条2項の但書に規定される参議院の緊急集会による対応では、法理的にも国のガバナンス上も限界があるという認識に立ったものである。つまり、憲法上の不備があるということだ。

二院制からなる国会の機能を可能な限り維持するためにも、議員の任期延長や（解散等で失われた）身分復活に関する特例規定を設けて、その「穴」を埋めるというものである。衆議院の憲法審査会で論点は出尽くしているので、ここは早急に条文化を行っていかなければならない。

その上で私見を申し上げれば、私はわが国として初の経験となる、憲法改正の発議を、この選挙困難事態における国会議員の任期や身分の特例規定だけで行うべきではないと考える。緊要性のあるその他の事項と共に発議をし、国民の皆様に判断いただくべきと考える。

そのうちの一つが、いわゆる緊急事態条項（いわゆる緊急政令や緊急財政処分）である。今後、想定を超える自然災害や烈度の高いパンデミック、わが国をも巻き込む近隣国での騒乱やそれらの複合事態などの緊急事態がいつ発生するかわからない。その事態が起きたときに、今の法制度のみで万全の対応ができるのか。もちろん、今後起こり得る事態を事前にすべて想定し、予め法整備をしておくことができればそれに越したことはない。しかし、どんなに有能な人であっても人が想像しうることには限界がある。

たとえば新型コロナウイルス感染症への対応についてその経緯を見ると、2019年12月に中国武漢市で発生した新型コロナウイルス感染症が、わが国においても2020年の年明け以降に蔓延したが、この感染症に対応できる法律がなかった。同年3月、本感染症を新型インフルエンザ等特別措置法を改正し、本法に基づく感染症と見なすことが規定された。その後、感染がわが国だけでなく世界中に広がり、パンデミックになって各国が様々な対応をとる中で、わが国が感染症法の改正や緊急事態措置・まん延防止等重点措置などを規定し、一定の緊急事態対応ができるようになったのは1年後の2021年3月だった。

このように、新たなパンデミックをはじめとする緊急事態が発生するたびに法律を制定するとなると、対処が遅れ、国民の命を守り切れない可能性がある。また、法律が制定さえできない状況、つまり、そもそも国会が物理的に開けない状況となった場合も考えておく必要があると考える。

その場合、国民の生命・財産を守るために既存の法律の範囲内でできる限りのことをするか、あるいは超法規的に対応するしか方法はない。私は、いついかなる時でも国民の命と暮らしを守り抜くことが政治家の使命であって、法律がないから、国会を開けないから、というのは理由にならないと考える。

だからこそ私たちは、リスクを事前に徹底的に想定してもなお、その想定を超える事態が生じ得るとの前提に立ち、緊急時には、政府が国民の生命・財産を守るために必要な政令を一時的かつ暫定的に制定して対応できる規定（国会による事後承認等の関与は当然、必要である）を憲法に設けておくべきと考える。こうした姿勢こそ、真の意味で立憲主義にかなうものではないだろうか。

自衛隊違憲論に終止符を打たなければならない

もう一つは、憲法における自衛隊の明記だ。

国防は国家機能の最重要分野の一つであるにもかかわらず、その規定が憲法から欠落していることは、法体系及び国家のガバナンスの観点から、好ましくない。

私は、第２次安倍政権で防衛大臣政務官を務めたが、約23万人の生身の自衛官が24時間365日、国民の命と暮らしを守ってくれていることを痛感した1年だった。

「事に臨んでは危険を顧みず、身をもつて責務の完遂に務め、もつて国民の負託にこたえることを誓います」

防衛大学校の卒業生は、そう宣誓して自衛官になっていく。

近年、自衛隊は海外での活動も増えている。2016年の年末、北海道東千歳駐屯地に南スーダンへ派遣されていた部隊が帰国した。その式典に政府代表で参列した際、派遣中に生まれた子を初めて抱き、目を見つめ合う隊員の姿を見た。当然のことだが、自衛隊員にもご家族がいる。最高指揮官である総理大臣は、有事の際には自衛官のご家族の不安や心配に思いをよせつつ自衛官に命令を下すことになる。

私を含め、千葉県八千代市民にとって、陸上自衛隊習志野駐屯地はなじみ深い場所だ。「精鋭無比」を誇る陸上自衛隊第一空挺団が配置されている。地元では、パラシュート降下訓練は見慣れた光景だ。私の娘が通っていた地元小学校では、授業中も学校の窓から訓練の様子が見えると聞いている。当然、学校では隊員のお子さんたちも一緒に学んでいる。

隊員たちは、災害発生時だけでなく有事の際には、真っ先に現場へ向かう。東日本大震災、令和元年房総半島台風など、被災者のために持てる力を振り絞って対応していただいた。

一方で、自衛隊を違憲としながらも「急迫不正の主権侵害が起こった場合には、自衛隊を含めてあらゆる手段を行使し、国民の命と日本の主権を守り抜く」と、立憲主義と相反するような主張をする政党もある。理解に苦しむと同時に、無責任極まりないと感じる。

加えて衆議院憲法審査会の際に、野党第一党の委員が「自衛隊が憲法違反と考えている国民は、世論調査を見てもおおむね一割程度。立法事実はないと言ってよろしいのではないでしょうか」と発言されたことに私は、一瞬耳を疑った。1割の国民が自衛隊を違憲だと仮に思っているとすれば、その状況は正常だとは私には思えない。また、合憲という憲法学者は少なく、中学校の大半の教科書が自衛隊違憲論に触れている現状がある。

隊員の子女を含め、未来を担う子供たちが、国防という枢要な任務を担う自衛隊についてこうした教科書を読んで育つことが、果たしてこの国の未来に繋がるのだろうか。そうではないはずだと私は思う。

２０１１年の東日本大震災の発災当時、自衛隊の統合幕僚長だった折木良一さんと話した際に、自衛隊を支えるものは2つあると伺った。１つは「国民の理解と信頼」。そしてもう1つは「国の支え」だと。

折木さんのおっしゃる「国の支え」こそ、憲法に自衛隊を明記することだ、と私は受け止めた。自衛隊違憲論に終止符を打たなければならない。

憲法の前文を含め、現行憲法への議論は尽きないが、まずは、これらの事項を優先的に議論し、改正案を作り、国民の皆様に判断いただくことが大切だと私は考える。

安定的な皇位継承のあり方

１２６代にわたる歴代の天皇と皇統、皇室は、わが国の歴史、伝統、文化の礎。先人達が連綿と守り続けた国柄を受け継ぎ、責任を持って次世代に引き渡していくことが、今を生きる私たちの使命である。

その使命を全うするため、２０２３年11月、自民党内に「安定的な皇位継承の確保に係る懇談会」が立ち上げられ、静謐な環境の下、議論を深めてきた。メンバーは党幹部が中心の10数名で構成され、私も事務局として参加した。４月に党としての所見をまとめ、衆参両院議長に提出した。内容は、皇位継承と皇族数の確保の２点である。

〈皇位継承〉

皇位継承というわが国の国柄、国家の根幹に関わる極めて重要な事柄については制度的な安定性の確保に万全を期すこと、及び次世代の皇位継承者がいらっしゃる中で、皇位継承の仕組みを大きく変更することは慎重の上にも慎重であることが求められる。したがって、秋篠宮皇嗣殿下、悠仁親王殿下という皇位継承の流れをゆるがせにしてはならないとした上で、悠仁親王殿下以降の皇位継承については、今後の経過を踏まえつつ、静謐な環境の中で議論を進めていくべきとした。

〈皇族数の確保〉

皇室をめぐる諸制度が複数の皇族を前提としていること、皇族方の役割が広範になっていること等の理由により、皇族数の確保は喫緊の課題である。したがって、まずは皇族数の確保について皇位継承の問題と切り離して方策を講じるべきとした。その上で、①内親王・女王に婚姻後も皇族の身分を保持していただくことは皇族数確保のために必要であること、②旧11宮家の皇族男子は、憲法・皇室典範の下で皇位継承資格を有していた方々であり、その子孫である皇統に属する男系の男子を皇族の養子とすることは、皇族数確保、安定的皇位継承のための必要な方策であるとした。

上記①②によって皇族数が確保できなかった場合には、③皇統に属する男系男子を法律により皇族とすることも皇族数確保の方策として考えられる、と意見をまとめた。

すべての基盤は教育

江戸時代の儒学者、佐藤一斎はこんな言葉を残した。

〈少にして学べば、則ち壮にして為すことあり。壮にして学べば、則ち老いて衰えず。老いて学べば、則ち死して朽ちず〉（『言志四録』講談社学術文庫）

現代語訳では「少年の時学んでおけば、壮年になってそれが役に立ち、何事か為すことができる。壮年の時学んでおけば、老年になっても気力の衰えることがない。老年になっても学んでいれば、見識も高くなり、より多く社会に貢献できるから死んでもその名の朽ちることはない」（佐藤一斎著／川上正光訳注）という意味だ。

この言葉を道標に、常に謙虚に学び続けていきたいと思う。

第１章で少し触れたが、私が描く「国力のマトリクス」について、改めて述べたいと思う。

私は政治家を目指した時から、国際社会における日本のプレゼンスを高めたい、もう一度世界の真ん中に日本が立てるようにしたい、との思いで「日本を世界をリードする国にする」ということだけを目標に政治活動を進めてきた。これが私が目指す国のビジ

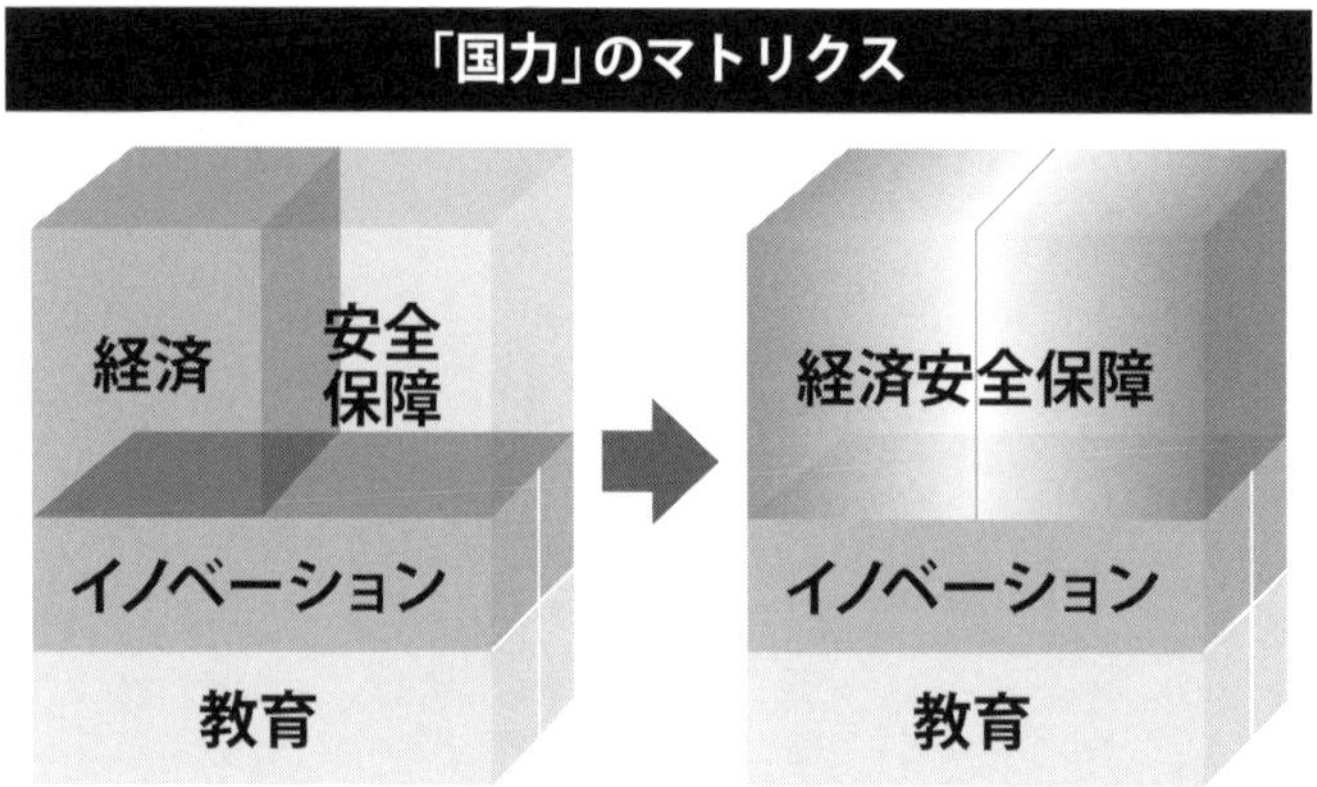

ョンだ。

では「世界をリードする国」にするためにはどうするのか。それは「国力」を高めることに他ならない。

この「国力とは何か」を、私は議員になってからずっと自問自答してきた。ようやく2018年頃だったと思うが、考え上げた末に、私なりの「国力のマトリクス」という図を描くことができた。非常に単純化したものではあるが、それ以来、私は自分が進めている政策がこの図のどこに位置するのかを常に考えている。とかく目先の事象に翻弄されて目指す方向が曖昧になってはいけない、との強い思いがあるからだ。

私が描く国力のマトリクスについて簡単に説明す

る。

国家戦略の根幹にあるのが、国民の暮らしを豊かにする「経済」と国家国民を守り抜く「安全保障」だ。この2つを車の両輪として回していくことが重要である。私が進めてきた経済安全保障は、この「経済」と「安全保障」が融合する分野のことであって、特に近年、その分野が広がってきていることに焦点を当てた政策である。

そして、この両者を下で支えるのが「イノベーション」。日本語にすると「技術革新」という狭い意味になってしまうが、より広く捉え、「世の中に新たな価値を生み出す力」と定義している。

そして、イノベーションの種（シーズ）やニーズを見つけるのは、結局は「人」だ。その種をしっかりとイノベーションに結びつけて発想していくのも人だ。AIにしても、そのデータをプログラミングするのは人であり、新しい技術があったとしても、それを社会的価値へと繋げていくのも人だ。つまり、経済、安全保障、イノベーションの基盤になるのは「教育」だ。

大事なことは、「イノベーションは社会に役立てられなければならないものであり、決して悪用されてはならない」ということだ。その意味で、イノベーションを創出し、活用する人たちの、人としての価値判断、倫理、哲学を、教育で培っていかなければならない。

ここでいう教育とは、算数、国語、理科、社会といった科目に限るものではない。これからいっそう変化のスピードに富む時代、先の予測が難しい時代に入っていくと考えられる中で、どのような状況にあっても自らの頭で考え、判断し、自らの意志で動ける人材をつくっていくことが必要である。そのためにも、倫理・道徳、想像力、教養力、精神力など、「人間力」を培う仕組みを作っていかねばならないと考えている。経済、安全保障、イノベーション、教育をバランスよく高めていくことで国力が上がる、と考えている。

教養の要素と学び

では、「人間力」とは何か。

実は、２０１８年に自民党の党・政治改革実行本部の事務局を務めていた際に、党幹部から「議員力を高める提案をしてほしい」との指示を受けたことがある。まずは、自分でたたき台をつくる必要があるので、「議員力」とは一体何かと自らに問うてみた。「選挙力」「政策力」「政局力」など、議員の力量を測る物差しは様々だが、悩んだ末に私は「教養力」に焦点を当てるべきだと考えた。その時にまとめたのが次の文章だ。あくまでも私の考えであり、私自身が今後もずっと努力し続けなければならないと思っている自身への戒めでもある。

「教養とは、単なる知識の集積ではなく、個人が社会と関わり、経験を積み、体系的な知識や知恵を獲得する過程で身につけるものの見方、考え方、価値観である」

その上で、教養力を身につけるための要素として８つの「力」を挙げた。

〈教養の要素〉

１、主体性ある人間として向上心や志を持って生き、よりよい新しい時代の創造に向かって行動する力

2、伝統・文化・歴史に対する深い理解
3、他者の立場に立って考える想像力、及び他国や地域の伝統・文化を理解し、互いに尊重し合う資質
4、自然や物の成り立ちを理解し、論理的に対処できる能力
5、倫理的課題を含め、科学技術に対する正確な理解と判断力
6、語学、とくに論理的思考力や表現力の根源である国語力
7、古典に対する深い理解（日本人としてのアイデンティティーの確立、豊かな情緒や感性の涵養）
8、礼儀・作法をはじめとする「修養的教養」

これらの要素を身につけるために必要と考えられる学びも挙げた。

〈教養を身につけるために必要な学び〉

1、歴史（日本、世界）

2、政党史、派閥史（特に自民党）
3、歴代総理のビジョン
4、思想史（非哲学）
5、日本の伝統・文化
6、語学
7、自然・社会科学に関する基礎知識

私自身がこれまでも、またこれからも常に努力し続けなければならないことばかりであり、自戒を込めて「言うは易く、行うは難し」とも思う。だが、これは議員に限らず、国民の皆さん、老若男女問わず人間力を培うことにも共通する話とも捉えている。

人間に「志」を与え「芯」をつくるリベラルアーツ

では、この人間力、教養力を培うために、自己研鑽ではなく、どのように若者に「教育」ができるのか。たまたま私がアメリカの大学に2年間通ったことで、「これは日本の高等教育、とくに大学で取り入れるべきだ」と思ったのが、「リベラルアーツ」である。

リベラルアーツとは「人間をより人間らしく育てる」ことを目的とした教育だ。といってもわかりにくいと思うので、東京女子大学学長の森本あんり氏が『教養を深める』（PHP新書）で述べられていた、リベラルアーツを大学で取り入れる意味について紹介する。

〈大学での学びは現実の背後にある「理想」や「理念」や「思想」の力に触れる場であるべき（中略）学生に「志」を与えることです。（中略）歴史を通して人びとが求め続け、なお達成することのできない何かを、それでも追い求め続けるべき尊い価値として提示することです。そのような理念の駆動力がなければ、どれほど環境を整え質の高い教育を施しても、学生たちは与えられた餌を食べて肥え太るだけの従順な家畜にしかなりません。実現するための手段は、後から学べばよい。（中略）リベラルアーツとは、

生涯にわたってもち続ける人間の「芯」をかたちづくる学びのことです〉

たとえば、物理学の中の特定のテーマについて素晴らしい研究をしている学生が、企業に就職したとする。企業の研究所で同じテーマを研究できることはほとんどなく、全く別のテーマの研究を求められたとき、その学生はどうするのか。

専門的な知識の習得だけで学生時代を過ごしていたとすると、新たな研究をどう進めていけばいいのか、途方に暮れることになるであろう。一方で、専門的知識に加えて物事の考え方を学んでいれば、研究の進め方、考え方は同じなので、専門外のテーマであろうが、研究とは全く別の分野の仕事になろうが、関係なく進めていける。そういう力を養うのがリベラルアーツなのだ。

現在の国内外の不透明な情勢の中で、何が起ころうとも自らの頭で考え、自ら判断する。そういう人を育てていかねばならない。

有事への備え――台湾有事は日本有事である

「台湾有事は日本有事」

このフレーズは、２０２１年12月に安倍晋三・元総理が台湾で開かれたシンポジウムにオンラインで参加された時の発言である。当時の『朝日新聞』（12月1日デジタル）の記事から引用すれば、安倍元総理は「尖閣諸島や与那国島は、台湾から離れていない。台湾への武力侵攻は日本に対する重大な危険を引き起こす。台湾有事は日本有事であり、日米同盟の有事でもある。この点の認識を（中国の）習近平主席は断じて見誤るべきではない」と述べていた。国民への意識喚起の目的もあったと思う。

私は、台湾有事とは必ずしも武力行使を伴うシナリオとは限らないと見ている。孫子の『兵法』には「百戦百勝は善の善なるものにあらざるなり。戦わずして人の兵を屈するは善の善なるものなり」（戦わないで勝つことこそが、最もよい作戦である）との教えがあるように、むしろグレーゾーン事態や、そこに至るまでの事態で様々な事象が起こるシナリオのほうが可能性としては高い、と考える。もちろん、予断を持つことなく幅広い「台湾有事」シナリオを考えることが大切なのは言うまでもない。

その上で（戦闘領域がわが国の領域に及ぶという意味のみならず）、エネルギーや食料の多くを海外に依存するわが国のシーレーンの確保、台湾・中国の在留邦人（約2万人・約10万人）の保護、避難民の受け入れ、わが国の重要インフラに対するサイバー攻撃や、偽情報の流布なども当然想定しなければならない。こうした意味において、私も、台湾有事は日本有事と考える。

とりわけ武力衝突は、軍事バランスが大きく崩れる時や、相手がこちらの認識や覚悟を誤解する時に起こり得るので、わが国としても、防衛力の抜本強化を急がねばならない。日米同盟はもとより、韓国や豪州といった様々な同志国との連携を強化して、こうした事態に至らないよう抑止力を高める必要がある。

また、こちらからエスカレーションラダー（武力行使を伴わない威嚇から全面戦争に至るまでを段階的に捉える考え方）を上げない、すなわち相手に口実を与えないよう、冷静な対応が常に求められる。そして、中国当局と対話のチャネルを設けることも大切である。チャネルは平時に設けておく必要があり、しかも有事に至る前に機能できるものにしておくことが重要だと考える。

こうした様々なシナリオを想定した上で、インフラ事業者や自治体と連携した机上演習（Table Top Exercise：ＴＴＸ）を重ね、露呈した脆弱性への対応策を法整備を含め、リスクマネジメントとクライシスマネジメントの両方において迅速に講じていくことが大切である。政治家の判断の訓練も必要だ。

台湾はわが国にとって、基本的価値を共有し、人的交流も盛んな、大切な長年の友人である。共に災害が多発する地域にあり、共に心を寄せ合う関係にもあり、民間の交流を中心に日台の関係をさらに強化していくことが大切である。

第5章

国家戦略を考えるにあたって

「この国のかたち」

２０１２年の初当選以来、私が力を尽くして取り組んできたことを中心にこれまで記してきた。経済安全保障を中心にしながら、それだけにとどまらない私なりの考えをご理解いただけたのではないかと思う。ここでは、私が目指す「この国のかたち」を改めてお伝えしたい。次の文章は、私のホームページに「小林鷹之が目指すこの国のかたち」として記載しているものだ。

〈国家を守り、国富を生み出す活路を拓くことが政治の使命。
私は政治家として、我が国の本質に立脚した形での国創りを目指したい。
その本質とは、対立ではなく、和を尊ぶ精神。
安住と共に堕落するのではなく、挑戦と共に成長することを選ぶ精神。
革新ではなく、歴史と伝統に根差して進歩を図る精神だと考える。

公平さを担保する規律の下で、個人、企業、そして地域が常に高みを目指し、限界に挑戦する活力ある国を創る。

先人に対する畏敬の念と、次世代に対する慈愛の心をもって、世代を超えて支え合う国を創る。

そして、世界の懸け橋として平和に貢献する国家を創り、我が国を必ず守り抜く〉

こうした考え方を心に抱いて、これまで政治活動を続けてきた。

私は団塊ジュニア世代として生まれた。バブル崩壊後の就職氷河期世代でもあり、社会に出てからは物価が下がるデフレが続き、失われた20年、30年などと言われた時代を生きてきた。しかし、子どもの頃は世界第2位の経済大国で、１９８０年代のまだ勢いがあった日本を体験し、その記憶を持つギリギリの世代でもある。第1章で触れたワシントンでの恥辱にまみれた思い出と、もう一度、国際社会の真ん中に立てる日本をつくって次の世代にバトンを渡さないといけない、という強い信念がある。

私の政治信条、そして生き方として、常に前向きであれ、と言い聞かせてきた。できないことを並べ立てるのではなく、どうすればできるのかと発想するのが私の習性だ。

常に「月」を見つめる生き方

私には、何か考えあぐねたり、何かの壁にぶち当たったりした時に、いつも頭に思い浮かべるようにしているものがある。それは、「指月《しげつ》布袋《ほてい》画賛《がさん》」という禅画だ。政治の世界に入って12年目になる私が、物事を考える上で常に拠り所としてきた絵なのだ。

禅僧であり、画家としても有名な仙厓《せんがい》義梵《ぎぼん》、通称、仙厓和尚が描いた禅画である。布袋さんが指を指している先にあるのは月で、足元で両手を挙げてはしゃいでいる幼い子は布袋さんの指先を見ている、という画である。

この禅画を所蔵する出光美術館のホームページでは「月は円満な悟りの境地を、指し示す指は経典を象徴していますが、月が指の遙か彼方の天空にあるように、『不立文字』を説く禅の悟りは経典学習などでは容易に到達できず、厳しい修行を通して獲得するものであることを説いています」と解説されている。個人的には、こう解釈している。

「常に『月』（目指す国のかたち）を見つつ、『指』（個々の政策）を実現する。目先の小事にこだわっていては、目的や目標を見失う」

仙厓和尚は、江戸時代に農民の子として生まれた。11歳で禅僧となり、日本最古の禅寺とも呼ばれる九州の「聖福寺」の第123世、125世の住職を務め、没後、仁孝天皇から「普門円通禅師」の諡号《しごう》を与えられた。禅僧にとって最高の名誉である紫衣《しえ》の勧《かん》奨《しょう》を三度までも断り、一生を黒衣のまま通して聖福寺住職以上の地位も名誉も望まなかった、と言われている。正しいと信じるためには何事をも恐れない姿勢を貫いたのだ。そんな生き方にも私は共感している。

私は、日本で生まれ育ち、今日に至るまでにアメリカでも数年間暮らし、アフリカでボランティア活動もした経験がある。少ないながらも海外経験をした上で、私は日本に生まれてよかったと心の底から思っているし、これからも私自身がこの国に自信を持って生きていきたいと思っている。そして日本の未来を担う若者を含めたすべての国民が日本人であることに誇りを持てる国、世界から信頼され、世界をリードする国をつくりたいとの思いで、覚悟をもって政治の道に入った。

わが国の本質に立脚した国づくり

私が大学に入ってから約30年間、日本の政治や経済状況も混沌とし、わが国周辺を含め国際情勢も急激な変化を続ける中で、政治家の使命を全うするためには、私自身が描く「国のかたち」を実現するために中長期的な目標を立て、そこからバックキャストして今何をすべきかを決めていくことが重要である。

目先の事象や他国の動向に右往左往しない基軸をもって政治に取り組む、という姿勢を貫きたい。私が取り組む個々の政策が、一見異なる方向に見えることも、些事に見えることもあるかもしれないが、すべて目標に向かって進めているものである。

政治の使命は、国家を守り、国富を生み出す活路を拓くことだとの思いを持って、わが国の本質に立脚した形での国づくりを目指している。

「わが国の本質」とは、対立ではなく和を尊ぶ精神であり、安住と共に停滞するのではなく、挑戦と共に成長することを選ぶ精神、そして革新ではなく、歴史と伝統に根差して進歩を図る精神だと考える。

これらの本質に根差すことで、世界の懸け橋として平和に貢献しつつ、わが国の主権、独立、領土・領海・領空、そして、国民の生命・財産を守り抜ける国を、公正さを担保する規律の下で、個人、企業、そして地域が常に高みを目指し、限界に挑戦する活力ある国、そして２６８４年という長い歴史と伝統を重んじ、先人に対する畏敬の念と、次世代に対する慈愛の心をもって、世代を超えて支え合う国をつくることができると信じる。

こうした「国益第一」「保守の思想」の理念を掲げ、国際社会から信頼され、日本の明るい未来を創ること――「世界をリードする国へ」――これこそが私の目指す日本の未来である。

結果にこだわるからこそ最善の方法をとる

私が所属する自由民主党が「保守の政党」なのかと問われたら、どう答えるか。「保守とリベラルが混在するウイングの広い政党」そして「議論を重ねて、最終的にはまとまる政党」と回答するだろう。

「保守」や「保守主義」とは何か。その定義には様々な考え方があり、唯一の解があるわけではないと思う。社会が自由であることや民主政治というのは重要だが、そこを守るための手法の違いで、いわゆる「リベラル」と「保守」の違いがあるのだと思う。

リベラルは、どちらかというと人間の知性、理性に基づいて、法律や制度で自由や民主政を守っていく。一方で、保守というのは、人は間違いうる存在であることを謙虚に認めることで、「伝統的な規範」「自省」「矜持」といった法律や制度とは別の次元をも取り入れて、自由や民主政を担保していく。決して伝統をかたくなに守る「伝統墨守」ではなく、伝統や既存の制度を尊重しつつ、急進的ではなく漸進的に、少しずつ進歩を図っていくという考え方だと思っている。そういう考え方に基づけば、当然、権力の行使についても抑制的になる、と考える。

急進的な改革は、その時点では民衆の同意も得られやすいであろうが、その先にただの無秩序が残ることも多く、改革が間違った方向である場合、国家を不安定化させてしまう。私はそういう改革はしない。

「保守思想の父」とも呼ばれている18世紀の英国の思想家であるエドマンド・バークは、『フランス革命の省察』という著書の中で、こう記す。「国家（社会）の法や憲法（国家制度）などもすべて慣習を基礎として形成され、仮想上の自然権や人間の権利（＝人権）の主張や要求が社会に秩序をあたえるのではない。それゆえ、慣習によって形成された古来の国家制度というものを全面的に破壊して、仮想上の抽象的権利の概念から、より良い国家制度や社会関係を再構築できるなどと考え、それを現実世界で実行しようとしているフランス革命も愚行である」。

私も同様の考えだ。目指すところを見据えて変えるべきは徐々に、漸進的に変えていく。何事もバランスを重視する。それは調整ではなく、大きな方向性を見据えるからこそ、それを実現するための良策だと思っているし、これまでもそうやって政策を進めてきた。

私が進めてきた経済安全保障政策も、表に出すまで約2年をかけ、経済安全保障推進法の成立までにさらに2年をかけた。セキュリティ・クリアランス制度も5年かけて積み上げてきて、2024年の成立に至った。学術会議にデュアルユース技術の研究を容認してもらうまで、半年間じっくり話し合いを続けた。私は結果にこだわっているからこそ、その結果を出すために最善の方法をとる。

政治家に必要なことは、ビジョン、覚悟、そして結果を出すこと。この3点だ。

国際秩序が非常に揺らいでいる状況だからこそ、伝統や既存の制度を尊重しつつ、「日本を、世界をリードする国へ」導いていく。そのためには、国民を豊かに、地方も国民も活力溢れる国にし、そして国際社会におけるプレゼンスを高め、よき国際秩序の形成に寄与していく、これが私のビジョンである。

他国に歪められず主体的に政策を決められる国

このビジョンは2つの要素から成り立つ。

一つは、日本を真に「自律」した国にするということ。英国の歴史哲学者アーノルド・トインビーは、挫折した文明の共通項に「自己決定能力の喪失」を挙げた。状況に振り回され対応ができない文明は衰退する。他国の動向にいちいち右往左往することなく、自国の国家戦略に照らし、採るべき政策を（他国に歪められることなく）自ら主体的に決められる国にする。そしてもう一つは、他国から信頼されるだけではなく、他国から必要とされる国にすることだ。

このビジョンの実現を通じて、「すべての国民が日本人であることに心から誇りを持てる国」にしたいと考えている。

私は、こうした考え方の下でわが国の未来の姿を描き、それを実現していくための戦略を政治、行政、民間企業、アカデミア、メディア等、様々な分野の方々との議論を通じて、少し時間がかかっても練り上げていきたい。

国力のマトリクスの中で触れた経済、安全保障、イノベーション、そして教育。国力を上げてわが国が再び世界の中心となり、必要とされる国にするために、２０５０年を見据えた国家戦略を、わが国の叡智を結集して考えていきたいと思う。

秩序の中に進歩を見出す

最後に、こうしたビジョンを実現していくにあたり、私が立脚する点は2つである。

一つは「国益」。国際社会や地球益への貢献は大切だが、その前に日本人の命を守り、暮らしを豊かにすることが優先されるべきと考える。外交関係についても同様だ。「我々には永遠の同盟も、永遠の敵もいない。あるのは国益のみ」。19世紀の英国の首相パーマストンの言葉に深い共感を覚える。

もう一つは「保守の思想」だ。「保守」や「リベラル」には様々な解釈があるが、私が考える保守主義の基本は、自分は間違い得るとの謙虚さにある。だからこそ長い歴史の波に耐え、試行錯誤の結果、残ったもの、すなわち伝統的な行動規範や民族の掟に価値を見出す。

一方で、保守とは、決して旧弊墨守ではなく、時代に適さないものを改め、伝統的規範（勤勉、自助、公への貢献、地域や家族の絆、慈しみ、恥を嫌う、分をわきまえるなど）に常に新しいものを加える改革思想でもある。秩序の中に進歩を見出す姿勢なので、改革はできる限り急進的なものは回避し、漸進的に進めることが大切である。大きな改革であればあるほど、できる限り先を見て、手前のところで少しずつ舵を切っていくに越したことはない。そして、自分が間違い得ると認識するからこそ、権力の行使には抑制的でなければならないと考える。

これまで多くの先人たちが紡いできた日本の歴史。そして、これから多くの将来世代が築いていく日本の未来。「過去」「現在」「未来」の三世代の時間軸の共同体に生きていることを自覚しながら、日本の国力を高め、世界をリードする日本をつくるという志で政治活動を続けていく。

[装丁]
斉藤よしのぶ

〈著者略歴〉
小林鷹之（こばやし　たかゆき）
衆議院議員。1974年、千葉県生まれ。99年、東京大学法学部卒業、大蔵省（現・財務省）入省。2003年、ハーバード大学ケネディ行政大学院修了（公共政策学修士）。10年、財務省退職。12年、衆議院議員総選挙に初当選（現在４期）。16年、防衛大臣政務官。21年、初代経済安全保障担当大臣、内閣府特命担当大臣（科学技術政策・宇宙政策）に就任。24年８月、自民党総裁選に出馬を表明。

世界をリードする日本へ

2024年９月27日　第１版第１刷発行

著　者　小林鷹之
発行者　永田貴之
発行所　株式会社ＰＨＰ研究所
東京本部　〒135-8137　江東区豊洲5-6-52
ビジネス・教養出版部　☎03-3520-9615（編集）
普及部　☎03-3520-9630（販売）
京都本部　〒601-8411　京都市南区西九条北ノ内町11
PHP INTERFACE　https://www.php.co.jp/

組　版　株式会社PHPエディターズ・グループ
印刷所
製本所　TOPPANクロレ株式会社

ISBN978-4-569-85814-2

PHP新書

台湾有事と日本の危機

習近平の「新型統一戦争」シナリオ

峯村健司 著

習近平の台湾併合極秘シナリオとは？　有事の想定・訓練をしない政府と自治体の武力侵攻事態への無策、中国国家動員の恐怖が明らかに。